湛庐文化 Cheers Publishing
a mindstyle business
与 思 想 有 关

意会法

汲取人文科学的力量

人类学
社会学
心理学
艺术
哲学
文学
……

解决问题的五个阶段

1. 用现象来表述商业问题
2. 搜集相关数据
3. 找出通用模式
4. 得出关键洞见
5. 建立企业的商业影响力

企业实践

乐高，企业转型
康乐保，产品设计
阿迪达斯，企业战略
英特尔，企业战略

意会者必备的基本特征

1：关心公司的产品和服务，以及这些产品和服务对于消费者而言意味着什么
2：对于所经营的生意有非常清楚的看法，能够超越当前的时间和当前的企业边界
3：善于把企业内部不同的部分联系起来

默认思维

依据人类行为假设：

1：人总是理性的，并且对情况有充分的了解
2：明天就是今天的再现
3：所有假设都是客观且公正的
4：数字是唯一的真理
5：商业用语必须专业化、去人性化

跳出盒子思考

依据与创新有关假设：

1：创意 = 稀奇古怪
2：创意是一套流程
3：点子是天上掉下来的馅饼
4：创意意味着剧变
5：创意是个有趣的游戏

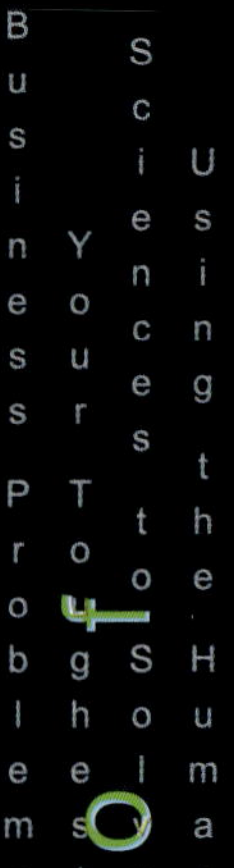

《意会时刻》阅读地图

The Moment of Clarity

意会时刻

The Moment of Clarity

用人文科学解决棘手的商业难题

[美]克里斯琴·马兹比尔格(Christian Madsbjerg)
[丹]米凯尔·拉斯马森(Mikkel B Rasmussen) 著
石幼佳 译

四川人民出版社

THE MOMENT
OF CLARITY
前 言

当人文科学走进商业

最近，英特尔公司的一名高管整日惶惶不安，每天早晨醒来，都会发现自己出了一身汗。他的大半个职业生涯都在致力于开发更新、更强的笔记本电脑。可如今，有一个念头盘桓于他的脑海之中，总也挥之不去：再过几年，笔记本电脑恐怕就要被彻底淘汰了吧。他现在对未来所做的规划似乎全都行不通。

苹果公司的一名高管最近也一直有个不祥的预感，所有的事情仿佛一下子都偏离了正轨。办公室笼罩在一片心不在焉的氛围里，员工们不再充满求知欲和工作激情，反而个个流露出抵触情绪。团队似乎开始变得故步自封、不思进取起来。

在时代华纳有线电视公司的会议室里，一名高管正在听下属汇报最新的市场数据：付费电视的订阅量持续下降，与此同时，无电视家庭的数量在不断增加。对此，他的同事们认为这不过是统计学里所谓的波动。这种粉饰太平的解释让这位高管十分反感。“我知道未来的趋势，”他心中暗想，“可是我不知道该如何应对。”

眼看着就要出大事了。你看着面前的这些数据，听着下属的报告，所有的目标都达成了，可是你心里清楚，这些全都是扯淡。目前的经营战略与你过往的实际经验根本对不上号。究竟是哪里不对劲？或许是公司将全部精力都投到了研发高精尖科技方案上，或许是新产品上市失败了，又或许是产品方案太过于依赖市场营销环节了。无论你嗅出的危险信号是什么，都意味着同样一件事：企业脱离了正轨。那么，你该如何是好呢？

过去 20 年来，我们成立了 ReD 咨询公司，为正处于上述危机时刻的公司提供咨询服务，客户遍布全世界。我们从人类学、社会学、心理学、艺术、哲学等人文学科中汲取各种技巧和理论，应用于管理学，洞察那些传统的商业管理工具所无法把握的微妙细节。要弄清楚客户行为怎么就那么难呢？在近距离接触多家《财富》300 强公司近 20 年之后，我们终于有了答案。

我们对当今商业文化的理解是基于一系列关于人类行为的假设。当然，一般情况下我们是不会去讨论这些假设的，大多数人甚至根本就不会意识到它们的存在。然而，恰恰是这些假设构成了市场调研、焦点小组讨论、产品研究和开发的基础框架。在大多数情况下，我们的长期战略规划也都基于这些假设。这些假设确实能够帮助我们解决某些类型的商业挑战，但绝不是什么万灵药。至于对另一些涉及客户行为变化的情况而言，这些假设则毫无用处。理由十分简单：在那些情况下，商业文化所惯用的人类行为模型根本就不适用，它们只会误导我们，害我们算错人。

怎么会这样呢？

就让我们来看看，我们究竟是如何理解商业活动中的人类行为的。目前的商业机构都是通过简单的数学模型来预测人们的行为的，而这些模型都将人视作可以被预测的理性决策者，也就是说，它们假设人们有能力在一系列预先设定的可变条件中做出最优选择。近年来，企业领导者越来越意识到这种构想的局限性。随着行为经济学的发展壮大，产生了一些较为先进的模型。这类模型现在允许个体在某些情况下做出非理性的行为。然而，即使是这些较新的理论，也依然紧抓着一个基本前提不放，那就是：人们从一开始就知道自己喜欢什么，不喜欢什么，而且这种偏好是始终不变的。因此，我们只需要问清楚人们的想法和感觉，就可以完全弄明白他们的行为了。除此之外，另一个错误的观点也起到了推波助澜的作用[1]。这个观点认为，当我们做决定的时候，我们的神志一定处于完全清醒的状态，或至少是比较清醒的状态。可以说，现代企业文化的最基本假设即在于此：要想真正了解人类，就必须分析人类大脑以及大脑内的思维过程。有了这样一个假设，企业就始终在为一个徒劳的追求而努力，竭尽所能去窥探人们的内心世界。仿佛只要问对了问题，设计对了程序和算法，分析对了数据，人们的思维过程就能被模拟出来，而企业也就能真正弄明白为什么客户会这样或那样行事了。

然而，一旦我们开始深入审视自己以及身边其他人的生活，就不得不承认，这些假设全都不成立。我们大半的生活，或者说我们平日里所做出的绝大多数选择，都是在无意识中进行的。我们并非时时刻刻客观冷静，也不是随时随地精神集中。回头想想在过去的 10 年中你做过的一些选择吧。当你决定结婚的时候，脑海中是否有一个清晰的价值主张？在做出这个关乎自己未来的重大选择之时，你是列出了一长串好处、坏处，然后站在正中间，不偏不倚地权衡利弊并做出客观的裁决呢，还是仅仅被某种情绪冲昏了头脑？你是觉得自己必须按照周围大多数人的模式来过日子，还是只不过觉得结婚是迟早的事儿，想逃也逃不掉所以就结了吧？为什么会这样？

你最近买的那台车，是因为它的性价比最高才买？还是说习惯使然，你懒得换品牌，于是索性买了你在5年前、10年前，甚或15年前买的同一品牌的升级款？

又有多少次，当你从商场回到家中，发现自己的包里装了一堆乱七八糟的东西？有多少次，你看着你的另一半说，“我也不晓得自己为什么会买这个东西”？当你回顾公司的大型收购项目或战略选择，是否曾暗想：“天晓得这事儿是怎么做成的？”

天晓得这事儿是怎么做成的！

本书只有一个目的：**向你展示一种更好的理解人们的方式。首先，我们将拆解商业世界中那些关于“人”的假设（无论这些“人”是消费者、客户，还是员工、选民），并证明为何这些假设是不成立的。随后，我们将运用人文科学的知识向你介绍一种理解人类行为的新方法。**

过去，人文科学基本上只在学术领域发挥作用。即使有些企业会雇一群民族志研究者[①]或人类学家来做新产品的上市调研，这些专家的洞见以及他们的常规研究方法也极少有机会能真正渗透到企业文化中。然而时至今日，情况已大不相同。一个全新的方法正试图将人文科学理论引入商业领域，并由此引发整个商业世界的重大变革。这些方法来自英特尔和IBM这样的科技公司的实验室，来自可口可乐、阿迪达斯和乐高这样的大型消费品公司的市场部，来自学术界的各种思想家和作家，以及来自新一代的、致力于将自然科学和人文科学相结合的咨询公司。尽管这种新方法尚处于初级阶段，但它已经开始在全球范围的商业领域产生巨大影响了。作为第一本涉及这种新方法的书籍，本书将向你介绍这种新方法的基本原则，帮助你更好地理解人类行为。本书所教授的实

① 民族志研究（Ethnography）是人类学的一个分支，主要通过对社群文化（如婚葬仪式、割礼习俗等）的深度描述来对该社群进行研究。民族志研究与民族学（Ethnology）不同，民族学主要研究民族的起源、发展以及消亡的过程。——译者注

用技巧可以广泛应用于各个领域，诸如确定公司发展方向、推动业务增长、改善销售模型、真正了解企业组织文化，以及开拓新市场，等等。

在读完《意会时刻》之后，你将会认识到传统的商业文化体系是如何错误地预测人们的行为的。此外，本书中所阐述的理论和所使用的案例将会为你搭建一个结实而实用的知识框架，同时提供一种解决问题的方法，以帮助你开始正确地理解“人”。

人文科学所处理的是人类生活中最为复杂的部分。老实说，这其实也是最有趣的部分。**一旦你开始真正了解人们的行为，就会对你的企业的商业前景有一个全新的、更为清晰的认识。一句话，你将能洞见新的商机。对于那些棘手的老问题，你也能找出症结之所在。**当然，就像一切有价值的事物一样，这样的时刻并不会轻易到来。但是请相信，这种全新的洞见将会帮助你为企业的未来规划出整体的战略。

好了，现在就让我们开始吧。

THE MOMENT OF CLARITY

目 录

扫码下载“湛庐阅读”APP，

搜索“意会时刻”，

测一测你是否了解人文科学思维在商业领域的应用。

引言

意会法，应对不简单的商业问题

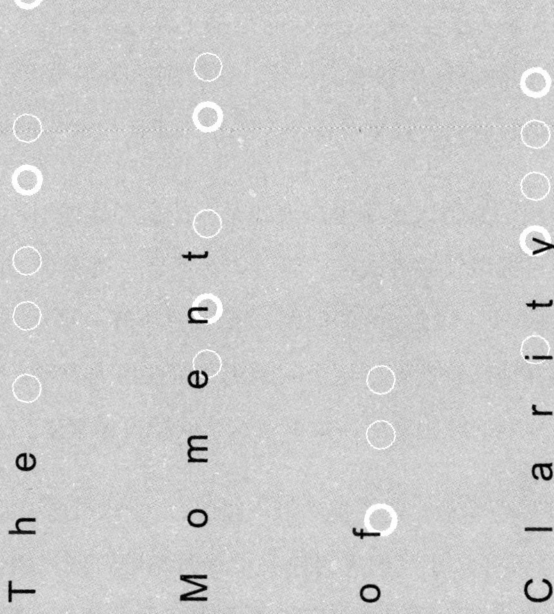

瑜伽算不算一项运动

“瑜伽算不算一项运动？”提问的是某全球运动鞋制造业巨头的一位高级副总裁。那是2003年春季的一天，这位副总裁主导了一次高层会议，目的在于为公司的运动表现事业部制定一份未来5至8年的战略计划。

公司管理层的其他人正聊得热火朝天，什么产品规划、技术要点、设计策略、销量目标以及必胜战役，等等。突然，主持会议的副总裁觉得自己不得不提出那个困扰他已久的问题：“瑜伽算不算一项运动？”对于围绕在会议桌旁的其他高管而言，这个问题实在有些出人意料。会议室旋即陷入一片沉寂，片刻的尴尬之后，大家就这个问题打趣起来。

“瑜伽，算一项运动？这个提法挺不错的，”全球市场总监啧啧称奇道，“好了诸位，今天还是让我们先讨论完设计策略吧，或许明天早餐前我们可以再回到瑜伽这个话题上来。有谁想给我们秀个拜日式吗？”众人哄堂大笑，然后继续开会，制订策略。他们将数字翻过来改过去，最终定下了一个 5 年期的宏伟目标。

毫无疑问，在当时当地看来，副总裁提出的那个问题简直就是离题十万八千里。瑜伽嘛，是挺有趣的，对健康也有点儿好处，但也就到此为止了，上不得台面的。

可是，那个问题却恰恰最应该被提上台面。

副总裁感到很迷茫。困扰他的远不止瑜伽，他感觉自己身处的整个体育行业和体育文化似乎都在地动山摇。为什么那么多人都开始往健身中心跑？为什么他们都不再玩竞技类项目了？为什么健身房的瑜伽馆里挤满了三十来岁的男性会员，而运动队却越来越乏人问津？为什么全美最受欢迎的运动似乎变成了椭圆训练机？而另一边，成千上万的人每周花几十个小时去训练，参加超级马拉松、24 小时山地自行车赛、铁人三项、撒哈拉沙漠马拉松这样的极限运动？所有这些都不属于传统的体育运动项目，也完全不在体育用品行业的战略规划之中。

假如你是一个圈外人，那么副总裁的那个问题或许会让你觉得莫名其妙。毕竟，无论是去上一堂瑜伽课，还是去公园里轻轻松松跑上一圈，都不失为一件乐事儿。对于绝大多数生活在发达国家的人而言，参加体育运动意味着保持身体健康、精力充沛、减轻体重，以及维持一种平衡的生活。

然而，运动鞋企业的高管却有着与普通人截然不同的思维。副总裁的那个问题“瑜伽算不算一项运动”一出口，就等于是推翻了支撑起整个体育行业的一个核心假设：体育用品是用来帮助运动员获胜的。

对于生产体育用品的企业来说，20 世纪 50 年代，各种团体运动项目开始盛行，忽然之间，就形成了一个由竞技运动员所构成的巨大消费者群体。在接下来的半个世纪中，正是竞技理念以及为运动员创造优势的概念推动了体育用品行业的一系列创新。可以说，整个体育用品行业的第一假设就是：用户会选择那些最能给他们带来竞争优势的产品。基于这一假设，许多体育用品公司在推出新款运动鞋的时候都会使用一些极其深奥的语言，就像汽车厂商在推介他们的高级发动机一样。比如，“GEL-Kayano® 系列跑鞋秉持‘永不停歇’的态度”，配备“足跟补强系统（Heel Clutching System™）及动态防倾斜装置（Dynamic DuoMax®）等顶尖配置”。

每年的每个季度，市场上的每家体育用品企业都会推出一款新跑鞋，而每一款都会有这样或那样的超前设计元素，无论是“动态适应系统”（Dynamotion Fit）、“泡棉与飞线技术”（Lunarlon and Flywire technologies），还是“第十四代波浪片鞋底”（Wave Creation 14），无一不体现出厂家挑选用词时的煞费苦心，全都是为了向消费者传递这样一个信息：我们的产品蕴含了顶尖科技。假如我们做这样一道数学题，用市面上跑鞋品牌的数量乘以那些性能科技的数量，再乘以各厂家每年推出新款跑鞋的次数，就可以得出这样一个结果：单单在跑鞋这一类产品上，每年的科技创新就高达数百项。

可以说，赢得胜利是整个体育行业的文化基因，也是行业存在的根本原因。这个说法自有其充分的理由。在刚过去的半个世纪中，众多厂商通过售卖“竞争优势”获得了巨大的市场份额和丰厚的利润。自从 20 世纪 80 年代以来，耐克、阿迪达斯、彪马和新百伦这些公司的规模均不止翻了两番。[1] 直至 20 世纪 90 年代末，体育行业的范围界定和价值定位都还是相对清晰的。尽管企业的管理层会不断调整并改进公司的产品和流程，但是有一个最基本的行业等式始终贯穿于每一项决策之中，那就是：更佳的性能等于赢得胜利。一旦有什么地方出了问题，只需要遵循这个等式的逻辑，追根溯源，就一定能发现问题的症结之所在。

然而有一天，几乎是突然之间，一切都变得不一样了。一切，并不是指运动装备本身的技术性能，而是指消费者，也就是“人”。人们的生活方式发生了改变，而且没有人知道这一切是由什么引发的。在 2003 年的时候，前面讲到的那位副总裁已经敏锐地嗅出了这一变化，尽管他尚无法清楚地道出这一变化背后的深层原因。

假如瑜伽也可以算作是一项运动的话，那么这些体育用品公司就不得不承认这样一种可能性，即大多数人并不是为了取得胜利才参加体育运动的。当时间来到 2012 年，仅仅 9 个年头之后，瑜伽服、体操服等各类健身服装便已占据了整个体育用品市场一半以上的份额。[2] 健步鞋、体操鞋和慢跑鞋均以两位数的市场增长率蓬勃发展；相比之下，篮球鞋、网球鞋和棒球鞋的销量却在逐年递减。[3] 参加各类健身课程的人数是参与各种团体运动项目人数的 5 倍之多。并且，在体育用品的消费者中，女性的数量已经超过了男性。[4] 一项研究表明 [5]，普通人进行煅炼的最重要的三大动机是:保持身体健康、控制体重和改善体型;而竞技运动员列出的三大动机是:竞技、挑战和享受。最出人意料的还在后面：近年来一些与体育训练相关的重大革新，竟然都不是来自体育用品行业，而是来自像艺电的体育游戏、微软的 Kinnect、任天堂的 Wii 和 Garmin 这样的“外行”。

无形的变迁

我们回顾那段历史的时候，很容易就能看出所有的变化是如何发生的。但假如让你回到 2003 年，将自己置身于孤立的企业环境之中，置身于一群运动鞋公司的高管之间，你又会怎样表现呢？不妨想象一下，每天从办公室的窗户向外看，都能看到同事们有的在踢足球，有的在跑道上跑圈，还有的天天骑自行车上下班。午餐时，你吃着公司餐厅里各式各样能够提升运动表现的营养餐，然后和同事们聊天：谁谁刚又跑了多少公里，谁谁最近参加了一次 10 公里跑，用时多少分多少秒。

公司里的一切活动、一切交流都在心照不宣却又明白无误地强调着一件事，那就是“竞争力”。是的，竞争力正是始终推动体育用品行业改革创新和战略部署的关键要素。打从你踏入公司大门的那一刻起，专业运动员的身影就无处不在：他们有的在试用新装备，有的则为了各种赛事在训练。在午餐及工间休息时间，高管也基本不会留在室内吃东西，绝大多数员工都会到户外去锻炼，努力提升自己的体能。事实上，绝大多数体育用品公司的员工找这么份工作也确实是基于这个理由：他们以竞争为乐。而这正是他们参加体育运动的主要原因。

这只是最表层的原因。公司的组织架构本身也更偏向于竞技类，而非健身类体育项目，只有那些最低级别的设计师会被指派去设计训练装备。将低端创意人才与训练装备捆绑在一起，公司的这种做法实际上是在传递这样一条信息：公司看重的只有那些能真正提升运动表现的产品。这条心照不宣的信息同时也体现在公司管理层为训练装备所选用的名字上，他们称其为“运动准备类装备”。在这些高管的心里，如果不是为了给其他竞技类运动做准备，谁还会去练瑜伽或诸如此类的玩意儿呢？

因此，在体育用品公司的企业文化里，一切对运动表现不产生直接影响的东西都被归为“时尚、流行”，也就是说，都只是些花里胡哨、讨好女孩子的时髦玩意儿。这些认知也与以男性为主导的企业文化相关。由于公司战略会议上的女性成员屈指可数，女性对体育运动的兴趣，除了那些与男性一样的对于竞争力、比赛表现的追求之外，从来都没有被系统地讨论过。说穿了，为女性设计的产品对于公司来说根本无足轻重。它们被笼统地归为“女性产品”，而设计部门里那些最优秀的设计师几乎从来都不会去关注这些产品。至于像“运动员可以是街头时尚达人，或者反过来，时尚达人也可以运动风”这样的理念，更是与公司的核心竞争力风马牛不相及：“哦，这种提法很有创意，只可惜不适合我们公司。”

运动鞋公司的企业文化就像是无处不在的氧气，尽管肉眼看不见，但公司里的每一位员工在每天工作、交谈、休息时吸入呼出的都是它。所以，可以想见，公司领导者当然更愿意沿用老一套方法来处理工作，更何况这套老方法曾在过去为他们带来过巨大的成功。然而，一旦我们身处文化变迁的时代（尽管这种变迁很可能是无形的），那么过去就会变得同未来毫无关联。前述高级副总裁所提出的问题，用传统的方法，即线性的、按图索骥式的、理性的问题解决方式是根本回答不了的。我们姑且称这种传统方法为“默认思维”（default thinking）模式。

默认思维模式

假如我们声称，大多数公司根本不知道该如何搞清楚他们所处环境中的那些软性因素和正在发生的变化，那我们未免太幼稚了。然而，与全球最大的企业、公共组织和第三方机构合作，并分析了数百份战略计划之后，我们得出了这样一个结论：这些战略好像缺了点儿什么。来看看当今这些个战略计划是多么惊人地相似吧！无论是饮料公司、建筑材料生产厂、体育用品制造企业还是连锁零售商，它们拿出来的战略计划，从结构、语言、要点分析到数据、论点、建议……甚至连图表上所使用的字体，都可以说是几乎一模一样。这些千篇一律的报告就好像是在告诉我们，企业是生产什么的并不重要，重要的是保证复合年增长率高于市场均值、资本支出合理、成本结构不落于竞争对手之后、资源利用合理、价值定位清晰，等等。

大多数这类战略计划都是通过某种线性的、步骤清晰的问题解决方式做出来的。这类按部就班的解决方式通过理性的逻辑分析，求得企业增长和收益的最大化。最理想的情况是，使用演绎逻辑、完美假设和全面详细的数据集合，将战略工作转化为一门严谨的科学。在过去几十年里，这种方法大为盛行，大多数调研公司用的就是这种方法，无数所商学院里教的也是这种方法，许多全球知名的管理咨询公司的工作指导原则还是基于这种方法。年复一年，这种思维模式在商业文化中占据了稳固的地位。到了30年后的今天，它早已成为解决一切问题的默认工具。

这种线性思维模式其实源自数学以及物理学这一类自然科学。从过去已知的现象中归纳出一个假设，然后代入数据进行测试，自然科学的研究方法正是如此。由于这种方法的基础是归纳推理，因此当我们分析从过去已知数据中推断出来的信息时，它非常好用。默认思维模式可以帮助我们提升效率，优化资源，平衡产品组合，提高生产率，在最短的时间内获得最大的投资回报，简化操作流程……总之，它能让我们总体上获得更大的资金回报。一句话，如果你遇到的挑战是提高某个系统或组织的生产力，那么线性的、按图索骥式的问题解决工具将是你的不二之选。

不过，假如你所面临的挑战涉及“人”的行为呢？一旦涉及文化变迁，随意使用基于过往范例的假设将会使我们盲目自信，就好像是带了一张错误的地图去未知之地探险。

诚然，按部就班的、理性的方法可以帮助我们解决一部分问题。可是，当我们遇到那些不那么简单的问题时，就好像是在迷雾中航行一样，不得不需要另一种工具了。这种工具经常为人文科学所使用，诸如哲学、历史、艺术以及人类学，等等。我们称这种问题解决方法为“意会法”（sensemaking）。

意会法，汲取人文科学的力量

自然科学所涉及的是数学和普适定律，它所讲述的是事物的客观规律。当我们讨论对世界万物的认知时，一般都会借助自然科学。这种习惯太正常不过了，所以我们往往会忽略另一大类科学。这一类科学旨在为另一类现象提供线索，或者我们对事物的主观感知。如果说默认思维向我们展示的是前景中的事物，例如“公司竞技类体育装备的市场份额正在下降”，那么人文科学所研究的就是那看不见的后台景象，一些不为我们肉眼所见的层层叠叠的微妙事物，例如“现如今参加体育运动的人有许多是为了健康，而不是冲着竞技去的”。

意会法正是汲取自这类人文科学，包括人类学、社会学、存在主义心理学①以及艺术、哲学和文学。与那些使用更偏向定量分析、数据主导的社会科学（譬如经济学）不同的是，上述几门学科更偏文科一些，它们所研究的问题是：人们是如何体验世界的？就拿人类学家或民族志研究者来说，他们符合“人文科学家”的定义，因为他们的工作是观察在原生环境

① 存在主义心理学是心理学的一个分支，试图将存在主义哲学运用于人类心理学的研究。存在主义心理学认为，人类的动机不仅仅是一种行为方式或原始冲动。在存在主义的词库中，引入了个人的意志和欲望。

下的人群，并从中收集（定性的）数据。自然科学关注的是“属性”，比如这所房子有 8 间屋子，那所房子有 6 间；而人文科学旨在探寻人们是如何体验这些属性的，比如在她家的 6 间屋子中，她最喜欢黄色的那间。我们将这些考察人类体验的数据称为“特性”，并总结了人文科学与其他科学之间的区别。

◎ 人文科学包含人类学、社会学、心理学，以及艺术、哲学和文学。

◎ 与更偏向定量分析的社会科学不同，人文科学所研究的问题是：人们是如何体验世界的？

◎ 自然科学关注的是“属性”数据（例如重量、距离等客观事实），人文科学所收集的数据则包含了“特性”，即人们是如何体验这些属性的。

我们究竟是如何体验这个世界的？这个问题也许和那些客观的“硬事实”一样重要，甚至更为重要。当过去的数据或情况看上去不再具有参考价值的时候，记住这一点对于找出解决方案尤为关键。

研究人文现象所需要的资料并不是数据模型或者方程式，而常常以图片、情感、手工制品、观察到的行为以及对话等形式呈现。也许此刻你会想，从对话文本、照片和视频文件里怎么可能得出严谨的理论呢？然而，这样的理论和研究方法在人文科学领域确实存在，而且其分析框架能够帮助我们发现原本看不见的规律。假如我们真的想要理解那些十分微妙的、涉及文化的问题，那么将人文科学严谨的分析框架和各种定性研究的方法结合起来，将会使我们对这些问题有更为深入的了解。

也许你会觉得，身为人类，了解我们自己的行为那还不简单，为什么非要用到这种全新的商业实践呢？那么就请你再回过头去想一想那位高级副总裁吧。人们的行为是会发生变化的，有时甚至可能是剧变。在这样的时刻，想要把看不见的因素给找出来，光靠硬数据是绝对办不到的。2003年的运动鞋企业正是处于这种文化剧变之中，而副总裁的同事们大都还想着指望那些稳妥安全的数字和数据模型呢。

所以，想要在迷雾中安全航行，默认思维模式与意会法是彼此互补、缺一不可的工具。两者都是行之有效的方法，只是针对的情况有所不同而已。就拿保健品行业来说，营销已上市的医疗药品，和了解为什么有些糖尿病患者不愿意服用糖尿病药物，就必须使用截然不同的研究方法。营销已上市的医疗药品需要的是默认思维模式，按图索骥使用线性工具绰绰有余，需要考虑的无非是药效、手术和零售渠道这些问题。而想要了解复杂的患者行为，则需要借助意会法。如果有人建议制药公司随便裁减掉其中的任何一种方法，并保证公司能够继续蓬勃发展，那么这个人肯定是个大白痴。对于其他企业来说也一样，大多数企业需要同时使用这两种策略模型。这两种工具的适用范围请参见表1-1。

表1-1　　默认思维模式和意会法是如何相辅相成的

默认思维模式	意会法
基于假设的问题	探索性的问题
需要回答的是“什么”以及“多少”	需要回答的是“为什么”
研究过去与现在	研究未来
不确定性程度较低的问题	不确定性程度较高的问题
可测量的硬数据	定性的数据
准确性	真实性

意会时刻，黑暗尽头的曙光

我们写《意会时刻》的目的在于为企业提供一本指导手册，帮助企业以批判的眼光看待那些在目前的商业战略中正起着作用的假设，并且提供一种可以用来解决最棘手的商业难题的全新工具。我们的灵感来自伟大的哲学家和知识分子，将他们的理念提炼成为可实施、可操作的应用工具。真实的经验告诉我们，意会法的基本原则已经为许许多多的企业高管带来了慰藉。过去，尽管这些高管的内心总是隐约觉得自己将消费者行为过于简化了，但是他们依然一次又一次地使用着同一类型的数据和工具来解决问题。这样的情形已经持续得太久了！

使用人文科学作为发现问题症结的框架既不直白也不简单，但是许多年以来，这种方法的有效性已经在无数情况下得到了证实。一旦能够熟练地运用意会法，你将会对变化莫测的市场有更为深刻的理解，仿佛漫长的黑夜尽头出现了一丝曙光——我终于看见了！

在更细致地探讨意会法之前，我们首先需要批判那些商学院长期以来教授的传统工具。我们得到的数字好像都是对的呀，但为什么我们总是算错人呢？

The Moment of Clarity

第一部分

传统的商业问题解决方案

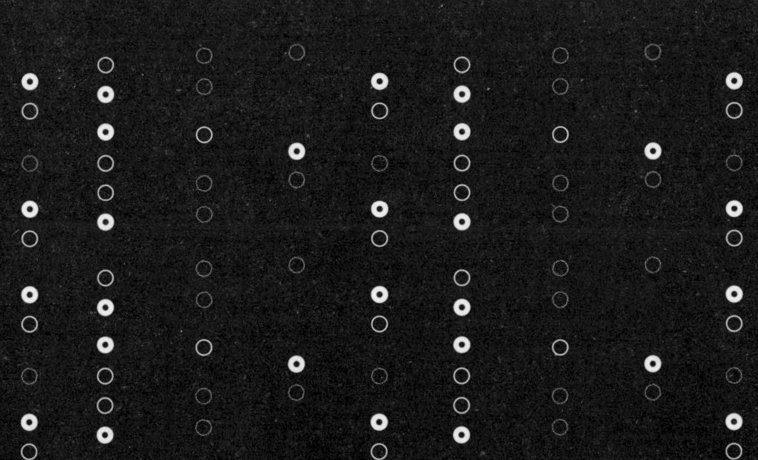

01

商业分析、数据与逻辑学，默认思维模式

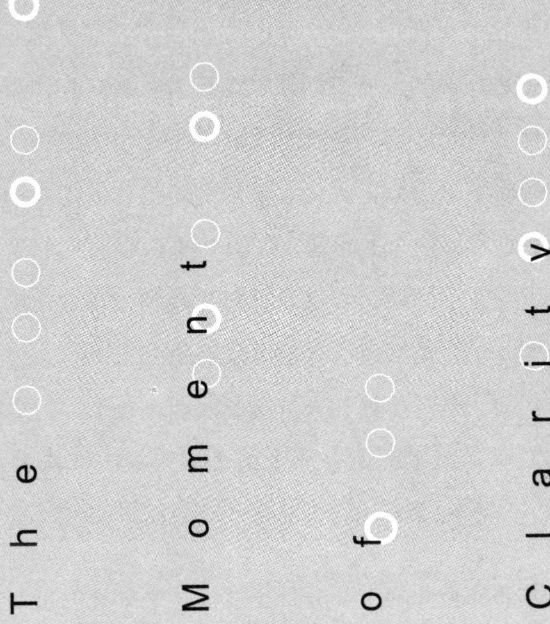

变化真的有那么可怕吗

这是一个平凡的星期二。一大早，你坐在办公室里看业绩报告，销量数据表明公司还是赚钱的。员工们陆陆续续来上班，收件箱里新邮件源源不断，显示存储空间已不足。办公室里的电话铃声像往常一样此起彼伏。消费者满意度调研结果出来了，代表口碑的净推荐值需要提高。下个月的投放活动依然面临着那些个老问题，好在 KPI（关键绩效指标）都还正常，就是供应链出了点儿小问题，有批原材料要晚到。研发人员跑过来抱怨说项目节点压得太紧了，他们建议得把流程简化一下才行。公司旗下的产品组合依然过于复杂。至于预算和人员编制问题，各个部门之间还不是年年都得吵上几回。哦，对了，还有那个关于调整组织架构的安排，也是老花样。

可以说，大部分企业的大部分日子就像这个平凡的星期二一样。在这样的一天里，企业的高管正驾驶着他们了如指掌的“公司号”巨轮，穿行在他们曾多次穿越过的海域。远航当然不会总是一帆风顺，可是这些高管们知道该如何应对艰难险阻。在正常情况下，默认思维模式能够很有效地帮助他们解决问题，指引他们按部就班地建立假设、界定问题、分析数据，并且找出症结。幸运的是，我们并不会每天都会迎来一场革命风暴。于是，我们一次又一次回到默认思维模式之中，因为大多数日子都和那个平凡的星期二一样，直到有一天，情况变了。

正如我们所熟知的那样，市场环境的变化和消费者的某些行为着实令人费解。忽然之间，公司这艘巨轮就驶入了迷雾之中，周围风高浪险。这种情形会持续多久？过去那种稳定的、容易预测的状态是否会再度回来？还是说剧变已成了新的常态，而我们将永远行驶在狂风骇浪之中？

最近几十年，未来主义者和预言家们一直坚称，我们身处的这个时代正经历着前所未有的剧变。早在 1969 年，日后常被人们奉为“现代管理学之父”的彼得·德鲁克就预言，西方社会正在进入一个新的“不连续的时代”[1]。在这个时代，技术、市场、商业运营，甚至工作的本质都在发生巨大的变革，因此这将是一个不断变化的时代。阿尔文·托夫勒（Alvin Toffler）在他的畅销巨著《未来的冲击》（*Future Shock*）[2] 中延续了德鲁克的这一思想。托夫勒将未来描绘成一个不断经历冲击的社会，因为“在太短的时间内发生了太多的变化”。组织机构教育专家唐纳德·舍恩（Donald Schön）在 1973 年的著作《超越稳定状态》(*Beyond the Stable State*)[3] 中甚至认为，我们的社会将永远不可能复归稳定。基于这一点，舍恩提出，企业必须将自己定位成不断学习的组织机构。

与此同时，社会科学领域的一些颇具影响力的思想家也注意到了变化加速这个现象。英国社会学家安东尼·吉登斯（Anthony Giddens）和德国社会学家乌尔里希·贝克（Ulrich Beck）将这种现象称为“现代性”的晚期阶段[4]。他们更进一步指出，在这个阶段，不仅仅是技术和企业，就连社会结构本身都在不断地发生变化。这些理念深深地影响了，并且也成就了之后的一大批商业类书籍作家，如汤姆·彼得斯（Tom Peters）和加里·哈默尔（Gary Hamel）。彼得斯和哈默尔甚至将“变革管理”（change management）[5]本身变成了一门管理学的新学科。

那么，我们不禁要问：“变化”真的有那么耸人听闻吗？上述诸位思想家的理论固然都有一定的可信度，但我们必须把他们的论点放到更宏观的历史背景下来检验。正所谓唯一不变的就是变化，可以说我们无时无刻不身处变化之中，但是并非所有变化都是大地震。因此，对于企业而言，最重要的是分清两种不同的“不确定性”。第一种是那些我们每天都会遇到的“不确定性”，第二种则是在大的文化变迁下的“不确定性”。

人类学家和其他人文科学家按照复杂程度来区分这两种“不确定性”：问题刚出现的时候，总是看似简单，解决方法现成就有；但渐渐地，它越变越复杂，越变越看似无解。按照复杂程度，商业问题可以分为三个级别。这种分级方法能够帮助企业将真正棘手的难题从实际可控的一般问题中区分出来。想一想你公司所处的形势，然后试着将你面临的问题归入以下三个级别其中之一。这个分级方法的好处在于，它并不是将所有变化一锅端地都视作常态，是帮助你去评估每一个具体问题，从而发现哪些问题是通过常规方法就可以解决的，哪些则必须用到全新的思维模式。接下来，就请按照下列方法来确定你的商业问题的复杂级别吧。

◎ 第一级问题：商业环境相对容易预测，未来清晰可见。你知道问题出在哪里，而且可以用一个已经被验证过了的算法去解决它。

比方说，“假如我投资 1 元用于媒体广告，那么基于市场刺激规律，我就能知道我将会获得差不多 1.5 元的回报”。又或者，“纵观整个行业，行政费用占总收入比重的平均值是 8%，而在我们公司，这项支出却高达 10%。所以，我们必须减少这项开支”。

◎ 第二级问题：未来有好几种可能性，手头也有好几个方案可选。你大概了解问题是什么，可能也遇到过相似的情况。假如就依照你的商业直觉去试一下，也未尝不可。比方说，“我们已经增派了人手，但销量还在继续下滑。不过，在欧盟也发生过类似的情形。这可能是由于雇来的人里面有太多新手，业务上手没那么快，不能一下子就指望他们能和资深销售人员干得一样好”。

◎ 第三级问题：具有高度的不确定性，使人无法弄清楚问题之所在。你根本就不知道问题出在哪里，更别提怎么解决了。你知道出了问题，但如何应对，毫无头绪。比方说，“我们的媒体板块打不过新兴的社交媒体”；或者，“我们在客户服务方面增加了投入，可是客户反而对我们越来越不满意了”；又或者，“我们确实在努力设计迎合市场的产品，但市场反应极其冷淡”。

按照上述标准进行分级之后，我们会发现，绝大多数问题属于前两个级别。出现在这两个级别中的问题也是最为常见的问题。对于这些问题，我们会提的典型问题有：

◎ 我们丢掉市场份额的原因是不是显而易见，有没有办法可以应对？

◎ 哪一款产品最赚钱？

◎ 运营成本还能再减一减吗？

◎ 我们的产品组合是怎样规划的？

◎ 我们的客户满意度是否与行业标准持平？

◎ 我们能否提高销售人员的工作效率?

◎ 哪个细分市场最赚钱?

◎ 该如何提升供应链的速度?

◎ 我们的销售渠道组合行不行得通?

这些问题好像非常复杂，不确定性程度也比较高，因而令我们感到不安。可是，它们真的有那么不确定吗？你真的完全不知该从何下手吗？连一丁点儿头绪都没有吗？你真的完完全全看不出真正的问题出在哪里吗？就连找几个词来描述这些变化都无能为力吗？

当然，我们必须承认，对于商业问题而言，相对的确定并不意味着无足轻重。要解决这些问题，依然需要进行大量的分析，需要高超的技巧，需要多年的经验，需要杰出的工作能力。但是无论如何，我们都还能依靠一套已经被验证过了的现成方法找到答案。这套现成方法就是哲学家们所谓的“启发法”（heuristic）[①]。启发法的安全之处在于你可以确信它会起作用。

可是，假如你连问题中的变量究竟是什么都不知道，也没有任何现成的启发法可以利用，碰到这样的问题时又该怎么办呢？针对具有极高不确定性的情况，迄今为止人们已经开发出了上百种工具和方法。其中，最为著名的是“情景规划法”（scenario planning）[②]和“趋势定位法”（trend spotting）[③]。这两种方法常被用于启发人们思考和策划。然而，即使在面对具有极高不确定性的情况，企业领导者也很少能够真正摆脱默认思维模

① 启发法：一套用于解释言语和非言语交流的方法和原则。

② 情景规划法：通过假定的情景来“预演未来”以及指导扩张战略和业务连续性模型的规划。

③ 趋势定位法：界定消费者行为或技术应用的大趋势。这些趋势体现出未被目前市场所满足的需求。

式。在本章接下来的篇幅里，我们将分析为何这一类问题解决方法根本不适合拿来分析消费者行为的变化。换句话说，对于第三级问题而言，这类方法有百害而无一利。首先，让我们来好好看一下默认思维模式是如何工作的。

默认思维模式的运作方式

基于默认思维逻辑的问题解决模型有一个哲学基础，那就是工具理性主义。这类模型有两个核心假设：

◎ 第一，商业问题可以通过客观、科学的分析得到解决；
◎ 第二，证据和事实比意见和情感更重要。

因此，根据默认思维模式，要想得到正确的答案，在解决问题时就必须遵循以下几条原则：

◎ 将企业内的一切不确定因素都定义为“问题”。过去发生的某些事情导致了某个问题，因此需要对已存在的“事实”进行分析，以便找出这个问题及其解决方法。
◎ 对“问题”进行解构，用可以量化的、正确的词句来描述问题，或可称其为待解决之“事项”，比如：“我们的收益率为何降低了？”
◎ 将每个“问题”尽可能细化成可以被单独分析的事项。比如，将“收益率降低”的各种原因细化成逻辑事项。这一步的分析需要靠“问题树”来列出所有的潜在“调节杠杆”（可能多达几百条）。所谓调节杠杆，即或可降低成本、或可增加收益的影响因素，比如客户细分、区域市场、市场占有率、价格、销售渠道、运营、新业务拓展，等等。

◎ 列举可能解决问题的一系列假设，比如：“我们可以靠降低公司的运营成本来提高收益率。”

◎ 搜集并处理数据，用以验证上一步提出的各条假设。需要注意的是，每一条假设都必须经过验证，且不得遗漏任何数据来源。

◎ 运用归纳逻辑和演绎逻辑来验证假设、澄清问题，并进一步找出能产生最大影响的“干预区域”，即所谓的投入产出比最高的区域。

◎ 运用一套组织严谨的分析架构，以逻辑和事实为依据，提出行动方案。这套方案应该具备金字塔形结构，从最基本的大量事实依据出发，一步步往上推，先发展出若干条分结论，进而支撑起一个总结论。最后还应列出一张表格，按优先级对公司应当实施的干预措施进行排序。

◎ 对于所提出的每一项措施，简单的就制定一张易于管理的工作流程图，复杂的就将其标记为关键的必胜战役，并为之设置一个专门的责任委员会，或指派专人负责。

◎ 每一个必胜战役委员会都要设立相应的绩效指标、时间进度表，以及后续的跟进与监控计划。

◎ 当所有工作流程都完成时，问题就被成功地解决了。

如果能够被顺利地执行，那么默认思维模式自有一种原生态的美感。因为身处复杂的人世之中，我们总是更情愿相信企业真的是一幅确切的图画，画中的对与错一目了然。只关注“绝对的事实”就好，把其余那些模糊的意见、信仰、感觉、怀疑、困惑全都抛开。就像我们的一位同事曾说过的，“只要给我一家麦肯锡或波士顿咨询公司或贝恩咨询公司，我就能解决一切问题”。

这种将管理学视作一门应用科学和技术学科的观点，并非近年才有。假如从萌芽期算起，这个观点已经有一百多年的历史了。早在19世纪，实证主义（positivism）① 哲学派别就声称人们可以客观地衡量“现实”。从当时一切伟大的艺术作品中，我们都能看见实证主义的信条。福楼拜在其小说中苦心孤诣建构起来的现实主义，正是为捕捉现实生活的点点滴滴而做的尝试，就连包法利大夫那些简陋随便的江湖药方都被不加修饰地写进了书里。美国现实主义画家，如温斯洛·霍默（Winslow Homer）和惠斯勒（Whistler）等人，亦热衷于关注日常生活中的物品和主题，如带桨的小船、画家本人的母亲等，并且在画作中避免浪漫主义时期所流行的装饰与润色。

在商业领域，企业的关注点则更多地集中在提高生产率和利润之上，从而发展出了以生产为导向的商业文化。这其中也不乏实证主义的身影，受这股思潮的影响，人们把商业看作是一笔笔交易事项的总合。因此，商业是可以被极度细化，并且逐项优化的。而“人”则被看成是理性的优化者，参与交易行为，从而使自己的欲望得到满足。至于商品究竟是薯条、长笛还是高级钻戒，则无关紧要。于是，商业管理就成了对系统进行理性和线性分析的过程，目的在于回答这样一个问题：“我们要如何才能最便捷地倒腾商品呢？”

科学管理的创始人弗雷德里克·温斯洛·泰勒（Frederick Winslow Taylor）[6] 出生于1856年，早年曾就读于哈佛大学，但因病中途辍学，后来去了宾夕法尼亚州的多家钢铁公司工作。当时，绝大多数制造业工厂都

① 实证主义相信只有科学知识可以解释人类社会，一如解释物理世界。实证主义排斥所谓直觉知识，并且宣称，正如万有引力支配着物理世界那样，有一套普遍的、可衡量的定律支配着人类社会。

只是按各自的经验和常识，东拼西凑地搭建着各自的组织架构。但泰勒不一样，作为一位名副其实的实证主义者，他努力想要找出可以为科学所验证的评估标准，或者说可以被衡量的“属性”。他跟在搬运铁矿石的工人身后，掐着秒表记录他们每次停顿和开始的时间，测量出整个过程中他们做每一个分解动作所需要的时间。就这样，泰勒在钢铁公司干了大半辈子，而且干得相当出色。最终，他成功地归纳出了一套普遍适用的管理原则，并借此贡献出了世界上首例商业案例研究。不久之后，泰勒与哈佛大学应用科学学院展开了合作。又过了几年，哈佛商学院成立了。那么，泰勒究竟能否将他的经验整合成一套知识体系教给年轻学生们呢？答案是肯定的。于是，“泰勒主义”[7]，一套有关生产率的新知识就此问世。泰勒主义的提出正是基于以下前提：

> 要想按照科学原则工作，管理者就必须接手大量目前由工人完成的工作。工人的每个动作，几乎都在以管理者前期准备好的动作为引导，这样才能更快、更好地完成工作。

与今天复杂的全球供应链相比，计算搬运铁矿石的时间这种事儿，听上去显得过时又古怪。然而，现代工商管理硕士课程的基本框架依然是基于泰勒主义的基本原则：设计完善的工作流程，一步一步对人的行为做出分析，相信金钱通常能够促使人更加努力的工作。诚然，在今天的生产车间里，泰勒主义已被所谓“精益生产”新原则所取代。然而除此之外，逻辑实证主义①，或者我们所说的默认思维模式，在整个20世纪依然掌控着商业领域的大多数地盘。而这并没有什么好奇怪的，因为它真的很有用。逻辑实证主义通过对系统进行干预来提高生产率，它一次又一次成功地为人们带来了更多的收益。

---

① 逻辑实证主义是一种更为极端的实证主义，它宣称物理世界和人类社会均可以通过逻辑学和语言学的一般定律来解释。

对于绝大多数人来说，默认思维模式就好像是我们呼吸的空气一般无处不在。我们对它早就习以为常了，以至于没法解释它，甚至根本不会注意到它的存在。因此，如果我们真的想要弄明白为什么千算万算却总是算错人，就需要将构成我们日常生活的基本假设逐一拆开来看清楚，我们寻常的、平凡的星期二究竟是怎么一回事？

日常生活中的 5 条基本假设

假设 1：人总是理性的，并且对情况有充分的了解

首先，请回答这样一个问题：你开车开得好吗？假如你认为自己的驾驶水平处于平均水平以上，那么恭喜，你和大多数人想得一样。瑞典心理学家奥拉·斯文森（Ola Svenson）的一项著名研究[8]表明，在瑞典和美国，超过 90% 的人认为自己的驾驶水平在平均水平以上。若干年后，另一项类似的研究[9]将研究对象换成了企业高管，询问他们如何评价自己在经营公司方面的水平。同样地，绝大多数受访者告诉研究人员，他们认为自己比一般的企业高管要更优秀一些。从纯数学的角度来看，不可能有 90% 的人都优于代表平均水平的中位数。所以，要么人们在受访时撒了谎，要么他们所了解的情况根本就不足以支持他们回答这个问题。

斯文森的研究很好地说明了，当我们把某些微妙而复杂的事情（比如开车开得好），简化为可测量的问题（比如你的驾驶水平是不是在平均水平以上）之后，会发生些什么。从研究结果可以看出，人们对于如何比较自己与他人的驾驶水平根本毫无头绪。同样地，大多数人也往往根本不清楚自己偏爱哪一款洗衣机，该买多少有机食品，又或者究竟哪款咖啡的味

道最好。对于这些事情，人们或许能够给出自己的看法，可是正如他们对于自己驾驶水平的看法一样，实际上根本一无所知。

通过测试逻辑假设来解决问题，带来的一个附带结果是，你不得不假设人是理性的决策者，知道自己需要什么，充分了解所有的备选项，并且有能力做出最佳选择。理由很简单：对于无法客观测量的东西，是很难去检验任何假设的。至于那些极度个人化、无法用简单明确的语言表述出来而需要进行一番诠释的东西，就更是难上加难了。想想这样的问题："你是不是一个好家长？""你的品位如何？"对于这样的问题，"是"或"不是"这样简单的回答，显然无法触及有关亲子关系或品位的关键。

为了避开这个缺陷，企业不得不将问题解决方式基于那些能够被客观描述、能够被量化，并且不需要经过太多诠释就可以进行分析的东西之上。2011 年，仅仅为了"了解客户"这一个问题，全世界就花掉了超过 180 亿美元[10]。这些钱都花到哪里去了？绝大部分用在了调研活动上。这些调研活动直接询问人们的需求和意见，形式多种多样，有定量调查问卷、小组座谈、联合分析、感知分析、品牌跟踪以及用户满意度调查，等等。可是，所有这些调研活动又能为我们带来多少关于真实的人类体验和现实情况的启示呢？

我们做了一场有趣的实验[11]。这次实验的目的是想要了解，当人们直接被问到自己的观点、行为、品位、选择和需求等问题的时候，究竟能够展现自己复杂人性中的哪些特性。为此，我们分析研究了几百项市场调研项目，最终发现，在这些调研中，我们只能观察到两类特性："感知"和"欲望"。绝大部分市场调研最终得出的结论是根据受访者对于现实的感知。比如，"以下几款零食，哪一款味道最好？""如果甲商品的售价打 8 折，您会多买多少？”“您是否同意有机食品比非有机食品更健康？”……

除了感知之外，市场调研还关注人们的欲望，比如它们会问，“您更喜欢哪个品牌？”“您最想拥有哪款车型？”“举办宴会的时候您会是哪一种类型的主人？”“您希望把自己的家布置成哪种风格？”……

询问人们有关感知和欲望的问题并没有错，我们甚至可以从中获取大量信息，进而得出高明的洞见。可是问题在于：难道感知和欲望就是人性中唯一起作用的两个方面吗？即使我们相信情况的确如此，但诸如此类的市场调研是否真的有助于我们了解感知和欲望是如何影响人们的行为的？

诚然，有些时候我们对于自己的感知和欲望了解得很清楚。甚至有些人在购买贵重物品之前，会花大力气去做一番研究，不过这并不怎么常见。即使是那些最节俭、对价格最敏感的人，也很少完全明白自己想要什么，更不用说对市场的了解了。而完全知道自己想要什么，并且买回来的东西一点儿不差就是自己想要的，这一类消费者就更为罕见了。近年来，有许多研究致力于评估人们的购物行为。大部分这一类研究都表明，人类实在是一种非常缺乏条理的生物。我们很少真正知道自己想要什么，也很少对市场有充分的了解；而最重要的是，我们几乎永远都不可能以预想的价格买到自己要买的东西。有研究发现[12]，即使是那些列好购物清单并带到超市去的人，一旦到了那儿，也总要抛开清单大肆采购一堆不相干的东西回家。

根据对自身消费意图的认知程度以及执行过程中的理性程度，我们将消费者情境分为以下三类。企业往往将注意力和调研经费都投到了第一类情境之中。虽然第一类情境是最容易研究的，但是对于了解消费者行为而言，它恰恰也是最无用的。

第一类消费者情境：充分了解自己的消费意图，且能够完全理性地执行

知道自己想要什么，对市场也很了解，并且确实会使用所掌握的这些知识去进行采购。例如："我知道我想要一副可折叠的雷朋太阳眼镜。现在我所要做的就是货比三家，找到最优惠的价格和最便捷的快递方式。"这类意图是可以通过问卷调查或焦点小组讨论来研究的，因为被调查者可以清晰地描述他们的需求，并准确地回答问题。

第二类消费者情境：充分了解自己的消费意图，但在执行的过程中会出现意想不到的偏离

过去 15 年来，六头煤气灶和花岗岩厨房台面已经成为数百万美国家庭的必备之物，它们象征着主人家的美食品位，也暗示了这家人有能力维持一种平衡的家庭生活。然而，在日常生活中，这些东西其实更多地只是装装门面而已，根本派不上什么实际用场，起码与隐藏在橱柜门后面的微波炉或者贴在冰箱上的外卖单比起来，利用率要低得多。

人们总认为自己会经常烹饪，但其实根本就不会。这并不是说他们故意要对别人撒谎；与其那样说，还不如说他们根本就是在自欺欺人。当然，的确有这么一部分人极其热衷于逛农贸市场，甚至喜欢自己动手打冰激凌，但是这样的人实在不多见。

对于许多家庭来说，购买一台车是一件大事，因此很多人会在购车之前做大量研究。但是，假如我们来看看人们最终的决定究竟是如何做出的，就会发现，家庭内部通常会经历一场极为复杂的讨价还价过程，而这个过程才是最终决定买什么车的关键。许多人一说起对理想座驾的诸多要求都能头头是道，但是最终，他们会买一台一点儿都不符合那些要求的车

回家，至于原因嘛，往往是“这台车看起来挺不错的吧”或者“我老婆喜欢呀”。

在高保真电子产品领域，销售人员在推销电视机或音箱的时候，会使用一个“WAF”参数。这个参数是什么意思呢？“Wife Acceptance Factor”，即“太太接受度因子”。家里的男主人可能有自己想要的产品，他甚至会花好几个晚上来研究产品参数。但当做决定的那一刻来临之际，他最终还是会选择一款全家人都认为还不赖的产品。说白了就是：人们嘴里说的和实际做的之间常常有差距，有时甚至会相差十万八千里。

第三类消费者情境：没有什么真正的消费意图，但消费行为却非常多

很多企业都把自家经营的产品看得太重。不管是含糖饮料也好，高保真音箱也罢，甚至是政治事务，总之只要是自家经营的产品，那就一定是世界上顶顶重要的事情。自己这么想想倒也罢了，可是迄今为止，我们还从未遇到过一家企业，不过分高估消费者对于自家产品或同类产品的兴趣的。相较于口腔护理公司的员工而言，普通消费者对于口腔护理的关注度自然要低得多。对于网球鞋或家具来说也是一样。这当然不是说消费者什么都不关心，只是消费者实在没有像绝大多数企业所想象的那样关心那些东西。大多数情况下，他们对大多数东西的关心程度实在有限得很。假如今天他们恰巧买了这巧克力而不是那款，那么他们这么做的原因不太可能是出于什么强烈的品牌偏好，而更可能是，这款巧克力恰巧摆放在了离消费者更近的位置，或者包装颜色比较符合消费者今天的心情，又或者仅仅是因为今天搞促销，“买一送一”。因此，对于企业而言，好消息是：人们要买的东西很多；而坏消息则是：人们并不总是清楚买这些东西的原因。

假设 2：明天就是今天的再现

你是否常听人讲，默认思维模式的某些特性将引领我们走出商业发展史上的黑暗中世纪，走进优化的现代科学新纪元？在过去，我们或许会依靠常识、流行观念、多年积累下来的经验，甚至直觉。然而时至今日，所有这一切都早已过时，取而代之的是更靠谱的科学严谨性和客观真理。在《麦肯锡季报》（*McKinsey Quarterly*）2006 年刊登的文章《未来十大投资趋势》中[13]，我们可以清楚地感受到这种观点。在分析了一些商业环境的未来趋势之后，该文宣称，管理学会从一门艺术转型为一门科学：

> “直觉”式管理的年代早已一去不复返。当今的企业领导者在经营企业的时候，使用的是算法决策技术和复杂的软件。科学管理已不再是能够让企业获得竞争优势的“加分卡”，而是成了决定企业能否入场的“入场券”。

如今的世界显然太过复杂、太过变幻莫测了，因此企业管理者已不能再依靠他们深厚的行业知识或一般经验来经营企业了。相反，管理学将会越来越近似于计算科学。

把管理学视为一门基于科学原理之上的应用技术，这种看法在当今的商业思维中颇为流行。拜伦·夏普（Byron Sharp）所著的《品牌是如何成长的》（*How Brands Grow*）[14] 一书封底上印着这样一句话：“科学颠覆了它所触及的每一个学科；现在，轮到市场营销学了。”心理学家帕科·昂德希尔（Paco Underhill）在畅销书《顾客为什么购买》（*Why We Buy*）[15] 中揭示了“购物的科学”。作家凯文·霍根（Kevin Hogan）亦通过《影响力科学》（*The Science of Influence*）[16] 一书向我们展示了如何在短短 8 分钟之内对他人产生影响。

当这些思想领袖在描述某一商业领域，诸如市场营销、零售设计、谈判技巧或商业战略时，无一例外地都用到了“科学”一词。他们这么做，其实是在有意引导我们去相信，这些商业领域都是建立在科学真理的基础之上的。但是，所谓“购物的科学”究竟是不是和达尔文的物竞天择学说一样，包含着某种普适性的定律呢？

我们举一个例子。一家出版社通过分析以往的数据获知，假如巴诺书店（Barnes & Nobel）将某本书摆在书店入口处的展示桌上，而不是放在书店内企业管理书籍区的某个书架上，该书的销量至少会翻一倍。在我们思考如何增加利润的时候，从这样一种统计学工具和确切的假设入手，远比一头扎进繁复的数据采集工作和看也看不懂的数据堆里要有头绪得多。在不确定性较低的情况下，这种方法通常极为有效，我们甚至都不必去多思考“这个假设究竟是从哪儿得出来的”。然而，一旦我们认为所有这些假设都是基于某种普适定律而得到的，就会陷入某种自欺，误以为适用于此刻的这一假设在将来不同的时刻也一定是适用的。在这种情况下，将管理学视作一种自然科学的观念非但不能给我们带来启发，反而会蒙蔽住我们的双眼。

将品牌推广变为一门科学的尝试，就是一个典型的例子。在 2003 年的一篇文章《更好的品牌推广》（*Better Branding*）[17] 中，诺拉·奥弗莱特（Nora A. Aufreiter）、戴维·埃尔津加（David Elzinga）和乔纳森·戈登（Jonathan W. Gordon）这三位作者声称，他们发明出了一套可以用来创建强势品牌的全新的科学方法。“市场营销人员过于依赖直觉，要想按照科学原则来创建品牌，关键在于结合以下两点：第一，进行具有前瞻性的市场划分；第二，深刻了解顾客以及品牌自身的价值内涵。”三位作者进一步宣称，在如今的商业环境里，一个品牌想要拥有高识别度是很困难的，在市场营销方面花过多的钱根本就是一种浪费。他们提议，市场营销人员应当使用复杂的科学技术去了解顾客的需求和本品牌自身的价值内涵。“简言之，在品牌推广上想要更上一层楼，就必须掌握科学优势，也就是说，必须使用更为严格的工具，并以大数据作为基础。”

到目前为止，似乎都还说得挺有道理。

然而接下来，三位作者继续告诉我们，所谓科学的品牌推广技术，就是详细分析和处理海量的数据，从这些数据所反映的近期消费者趋势中找出未来的新趋势，并在此基础上界定出有利可图的消费细分人群。例如，那几年，阿特金斯减肥法（Atkins diet）特别流行，三位作者主张可以根据相关数据来评估和界定出一个全新的细分市场。他们称，2001 年有 1 500 万人正在使用阿特金斯减肥法，因此，通过估算“肥胖率、阿特金斯减肥法相关书籍的销量、率先使用阿特金斯减肥法的人群的增长率，以及过去减肥风潮的发展趋势”等数据，就可以预知高蛋白早餐产品这个细分市场将会出现多大程度的增长。当然，这三位作者也承认，这样的估算具有一定的不确定性，因此他们建议市场营销人员容许这个预测数据有 20% 的误差。

等一下！他们刚才说什么来着？阿特金斯减肥法？他们认为这就是未来饮食的主流方向？开什么玩笑？！

就在这个所谓品牌推广科学方法被发明出来仅仅三年之后，《华盛顿邮报》就登出了一篇报道[18]，说风靡一时的低碳水化合物风潮已经开始消退，而阿特金斯减肥法的拥趸数量正大幅缩减。“当阿特金斯减肥法成为一种文化现象的时候，大大小小的数百家企业蒙头冲进了减肥市场，想要利用这股人气大干一票。他们生产出了过多的低碳水化合物产品并投入市场，远远超出了实际上需要吃这些食品的节食者人数。这些企业甚至还推出了一大堆针对大众消费者群体的低碳水化合物食品，如意大利面、蛋糕、曲奇饼干、硬面包圈，等等，尽管这些东西在真正严格的低碳水化合物餐食表中根本就是被禁食的。”

到了2004年的时候，低碳水化合物食品的市场已经缩水了一半[19]；仅仅又过了一年，它就彻底没戏了。数百家公司以破产告终，投入低碳水化合物细分市场的数千万美元就此化为泡影。

假如你当年听取了《更好的品牌推广》一文作者的建议，如今你也一样会倒大霉。也许他们把容差率提高到100%会更准确一些？

假设3：所有假设都是客观且公正的

关于顾客，关于行业逻辑，或是关于“我们这里就是这么干事儿的”，几乎每个行业都有自己的一套假设。这套假设往往成为人们沟通的基本框架，比如：

◎ 我们的顾客是谁？
◎ 我们的顾客都购买些什么商品？
◎ 我们的产品有哪些基本的竞争优势？

我们举几个例子。

例1，玩具业

玩具业的主要理念是，孩子集中注意力的时间很短暂，所以需要能“瞬时吸引”他们的玩具。因此，玩具业有这样一个假设：一件玩具必须在商店里就能抓住孩子的注意力，而且孩子不需要任何技巧就能去玩这件玩具。另一个假设是：传统的实物玩具必将让位于新兴的数码玩具，因为实物玩具太过单调，也无法给孩子造成足够的刺激。

然而实际上，假如你真正观察过孩童，或者假如你研读过大量关于孩童的学术文献，就很有可能会得出完全相反的结论：对孩子们来说，需要技巧和熟练度的游戏体验才更加具有激励作用。这样的经验可以给孩子带来成就感，还能激发他们的等级意识。数码游戏之所以日益流行，完全是因为玩这些游戏无一不需要一套非常复杂的技巧，可以玩上几千个小时；不仅如此，玩家还能从中得到明确的反馈，包括游戏等级和玩家排名。

| 例 2，视听行业

2002 年，我们曾为丹麦高端电视和音箱系统制造商邦奥卢夫森公司（Bang & Olufsen）提供咨询服务。在与该公司的高层管理者开会时，我们建议他们去了解一下，大众听音乐的习惯正在发生怎样的变化。那些年，听音乐这档子事正渐渐脱离室内空间，逐步成为一种更加灵活、流动性更强的体验。听我们这么一说，席间一位高管抬起头来说："这听上去挺有意思，但我们这行不是这么干的。"的确很有意思，因为最终使数字音乐移动化的并非视听行业。但是回过头去看看，也许他们本来有这个机会的。

| 例 3，医院设计

医院设计行业有着这样一条重要的理念：在设计病床、升降机构、悬吊装置和洗浴设备时，必须考虑如何帮助医护人员在不伤到病人的情况下移动病人。换句话说，这些设备的设计需要符合人体工程学，并且将病人视作无法自行移动的个体。那么，基于该假设所设计出来的设备工作效率如何呢？打个比方，某位病人想要上厕所，需要借助升降机构，那么就需要三四名医护人员花上整整 20 分钟的时间去帮助他完成这一动作。

更可怕的是，这样的设计很快就给病人灌输了这样一个概念：在整个康复过程中，病人自身并不是积极的参与者。这些设备清晰地传达了这样一条信息：病人只是必须被他人照顾和帮助的对象物而已。然而，假如病人能够参与到自己的身体活动中去，那么不仅能更快康复，也可以降低医护人员在工作时发生意外的概率。此外，这么做也会让病人感觉更舒服。假如医院设计行业不把病人假设成无法自行移动的人体，而是让病人在康复过程中拥有主动性，那么医院看起来会大不一样吧。

例 4，世界区域划分

许多企业在扩张业务的过程中都会发展出一套关于世界区域划分的假设。最早的时候，人们一般把全球市场简单地划分为三大块：欧洲、美国和“其他地区”。这种简单粗暴的分法毫无疑问在投资和人才招聘方面造成了极大的偏见。如今，大多数公司不再这么划分，但是仍保留“亚太地区”（Asia Pacific，简称 APAC）这样的观念。单从地理上来看，“亚太地区”这个划分确实有几分道理，但是把全球第二发达国家（澳大利亚）和“金砖四国”中的两个最大的国家（中国和印度）以及体制独一无二的朝鲜半岛，还有新加坡等全都囫囵归为一类，势必会导致企业对该区域组合中各成员国的肤浅认知，从而造成在这个地区的资金、人力和时间上的投入被全方位低估。

法国人类学家皮埃尔 · 布尔迪厄（Pierre Bourdieu）[20] 创造了“惯习”

（habitus）一词，用来形容人们某些不易察觉却又无处不在的倾向，正是这些倾向塑造了我们的感知、思维和行为。在布尔迪厄看来，许多我们自以为是常识的观念，其实都是由我们所处的社会环境所塑造出来的。随着时间的推移，我们通过与外部世界如家庭、社会、朋友圈、工作圈等的互动，习得何谓“正常”，并且将其视为“假定事实”。于是，我们对外部世界的感知变成了某种自动化理解的过程，而这种自动化的理解使我们能够不假思索地做出正常的行为举止。

类似地，时间一久，企业也会对世界建立起一套常识性的概念来。某些观点被拿来当作假定事实，不再需要质疑，例如，“设计师和工程师的观点永远都不可能一致”，或者“开放式办公空间能够创造更多的合作机会”，等等。

我们曾与一家医疗保健公司的市场总监开会，讨论如何打入中国和印度市场。这两个市场都增长得非常快，然而一般的西方公司却都对它们知之甚少。于是，我们提出这样一个问题：贵公司是否应该对中印两国进行市场细分，并且相应地使用不同的营销策略？市场总监要求与会人员针对我们的问题进行讨论。靠着一个假设，不到十分钟，他们就找到了解决方案。首先，总监走到白板前，写下他们公司用来划分市场的六项指标：市场规模、价格、销售渠道、地理位置、财务和顾客。接着，他画了一个小小的饼图，将其一分为六，每项指标各占一块，随后询问在座各位每一项指标的相关度分别是多少。他们一个接一个地把每一块饼都给填上了。这么一来，正确的细分模型自然就被选出来了。仅仅用了喝一杯咖啡的时间，他们就建立起了一个划分中印两大市场的假设。之后的所有定量分析都以这个基本框架为指导。他们所做的这一切全都是基于他们对市场的常识性假设，尽管其实该企业没有一名员工曾经在中国或者印度工作过。

企业可能认为，自己已经建立了一系列客观而合理的假设用来测试。但事实是，每一条假设都是建立在某个基础上的，而很多时候，这个基础往往是文化的产物，而非科学的产物。更重要的是，一旦我们的假设在我们的文化理解中牢牢扎下了根，它们就总有办法变得愈加坚不可摧。这是因为人们总是喜欢去寻找那些能够支持自己最初观点与假设的意见和事实。认知心理学家将这种现象称为“证实性偏见”（confirmation bias）[21]。证实性偏见体现在三个层面：

- ◎ 第一，证实性偏见会影响我们对于假设的选择过程。由于我们脑海中已经有了一个先入为主的观点，因此会倾向于选择一个支持这一观点的理论。
- ◎ 第二，验证假设的过程也会受到影响。对于那些支持我们观点的证据，我们总是轻易地就接受了；至于那些与之矛盾的证据，我们则非要对它们进行异常严格的审查不可。
- ◎ 第三，证实性偏见甚至还会歪曲人们的记忆。我们往往更容易记住那些巩固我们的假设的事实和经历，心理学家称之为“证实性记忆”（confirmatory memory）[22]。

所有这一切都表明，人们的假设几乎从来都不是基于客观真理的。当然，要想具体识别出这些偏见，大概会令我们这些心理学门外汉大伤脑筋。尽管如此，单单是意识到这个问题的存在，就足以从根本上帮到我们，因为它能够敦促我们在寻觅真相的道路上质疑一切。列夫·托尔斯泰在其思想精华《天国在你们心中》[23]一文中写道：“即使是向最愚钝的人解释最复杂的问题，只要这个人并没有先入为主的信念，那么也总能解释得清楚；相反，即使是向最睿智的人解释最简单的问题，一旦这个人坚信自己毫无疑问地已经掌握了眼前事物的真理，那么就绝无可能解释得通。”

假如你一味拒绝质疑那些对于你的企业或顾客的基本假设，那么便有可能与开创企业未来的新观念失之交臂。

假设 4：数字是唯一的真理

你并不需要在哪家企业的总部待太久，就能发现数字的重要性。是的，它们非常重要。我们甚至可以说，现在大多数企业都在完完全全地依赖于定量分析。财务部门会依靠庞大的定量模型来预测公司的增长，战略部门则拿着有关市场和增长的预估数值给出公司该何去何从的建议。研发人员在看了备选投资方案净现值的投资演算后制定出技术路线图，而市场营销人员则根据不同细分市场的消费者所填写的问卷调查来确定品牌定位。今天，谁要是还指望能脱离数字的支持而得出任何结论，那基本上只能是妄想了。人们对数字的崇拜和狂热就连前台接待处都难以幸免。公司大堂的巨大屏幕上实时滚动着公司股价的升跌，这种情形也绝不少见。定量分析正是企业基于默认思维模式的问题解决模式，也是大多数商业战略的关键。

企业如此看重定量分析，以至于渐渐忘了我们的世界并不仅仅是由“数量”组成的，那里还存在着“性质”。多伦多大学罗特曼管理学院院长罗杰·马丁（Roger Martin）[24] 就曾指出，假如公司只关注定量模型的话，根本不可能拥有挖掘潜在发展机会的能力。他说：“定量方法的最大缺陷在于脱离背景环境，孤立地看待和分析人们的行为。定量方法将分析对象从真实世界的场景中剥离了出来，并且忽略了那些没被纳入其中的变量的影响。”

默认思维模式将世界按照“属性”划分，比如市场有多大，有多少人会购买我们的产品，有多少人知道我们的品牌，哪一类商品增长最快，哪个地区最赚钱，哪些顾客的忠诚度最高，哪些科技的应用范围最广，等等。

这些问题都可以用数字来回答。然而，除了数字以外，这些问题定性的一面也同等重要。比如，知道有多少比例的顾客对公司感到满意确实很有用，可是你还需要去了解，这些顾客在与公司互动的时候究竟有着怎样的感受。同理，知道有多少比例的人正在使用智能手机当然是有好处的，但是这些人究竟是如何使用这项科技的呢？

身为咨询师，我们亲眼见证了在商业领域，数字是如何步上神坛的。有一次，我们对一家企业的首席执行官说，根据我们的经验，大约三成的创新项目都会以失败告终。“三成”只是我们的一个粗略估计，只能被当作所谓的逸闻证据来看待，也就是说，尽管这个数字被业内人士普遍接受，但并未得到实证研究的支持。然而，仅仅几个星期之后，我们就惊讶地发现，“三成”这个粗略的估计竟然被转换成了“30%”！而“30%”这个精准的数字更进一步成了该公司研发部门的一道圣旨！于是，“30%”便以一个“事实”的身份出现在了公司的技术路线图中。公司里的每一个人都在这里或那里引用着“30% 的失败率”。在某个具体的创新项目报告中，做报告的人员在计算出该项目的风险因素之后，甚至迫不及待地把它和“平均风险”（30% 的失败率）放在一块儿做比较。

“30% 的失败率”，只不过是在一次关于创新的谈话中被随口提及的一件小事。如果把它放在整场对话里面看，几乎可以说是微不足道的。可是，只不过因为它是整场对话中唯一可以被量化的东西，于是摇身一变成了重中之重。不知什么缘故，相对于通过定性分析得出的见解而言，企业对于可以量化的观察所得总是要宽容得多。

假如一家企业所处的环境具有较高的不确定性，换句话说，假如这家企业前途未卜，那么在这种情况下，还硬是要把所有一切都量化，很可能只会适得其反。量化方法往往会给出一个标准答案，可是由于量化方法所基于的是过去已知的数据，因此对于搞清此时此刻究竟在发生些什么，并无多大裨益。而当企业试图依靠量化方法来分析未来时，那就更成问题了。几乎所有的数据分析都是拿一堆过去的数字来大肆计算、处理一番，继而用它们推算出将来。但是显而易见，这些已知数据当中必然不包含尚未发生之事，或未形成的想法。另一方面，这些着眼于未来的数据分析，往往会低估甚至完全忽视那些无法被量化的情况，与此同时又难免高估那些能够被量化的因素。这种现象在商业企划案的研究中表现得尤为突出。

绝大多数商业企划案所做的，无非是针对未来的顾客、市场以及诸多其他因素，建立起一系列假设，并试图借此估算出产品的未来价值。通过这一系列的分析，企业就能做出决策：应该优先支持哪个项目，公司未来该往哪个方向发展，等等。打个比方，如果让你去计算一款新型蛋白质饮料的市场前景，你会怎么做？

要计算产品的未来价值，必须首先进行几个假设，包括哪些顾客会需要这款产品，愿意花多少钱去购买这款产品，新产品计划哪年投入市场，人们需要多长时间去接受这款产品，该产品的市场占有率会有多少，等等。有了这些假设之后，基本上你还会网罗来一堆振奋人心的数据。接着，根据这些数据和假设，你就能推算出这款产品的未来市场价值了。你最终得到的结果通常会是一个确切的数字：公司有机会通过这款产品赚到多少钱。多数情况下，当你引用这个数字的时候，往往还会精确到小数点后好几位，譬如“3.475 亿欧元”。除此以外，商业企划案通常还会应用大量的表格、图例、计算公式、风险评估以及其他统计工具。这种做法使得这些企划案看起来结构严谨、逻辑性很强，甚至连它们所采用的格式都极具说服力。

乍看之下，一份标准的商业企划案就像是一座宏伟的钢铁大教堂：结实牢固，震慑人心，百分之百坚不可摧。可是假如你往下看看这些企划案及其推演过程的“定性意义”，立马就会发现，这座钢铁大教堂的地基常常是建立在流沙之上的。

只需稍稍改动一下这些商业企划案的若干假设，就能轻易把一个令人赞不绝口的好主意变成一堆一无是处的垃圾。不信你试着改一下企划案里对顾客的定义、顾客接受和适应新产品所需要的时间、以往的产品启动周期，或是财务报表中某个常常被隐藏掉的次要变量因素。只要随便改一改，你面前的这一整座钢铁大教堂就有可能立即轰然倒塌。遗憾的是，尽管商业企划案中包含了那么多的推测和不确定，我们却总爱把它当成一个绝对的事实来对待，总爱把它设想成是精确的，而且是可以被预测的。某医药企业的资深高管打算组织一款新药的临床试验。他对我们说：“只要告诉我你想看到什么样的结果，我就能把它组织出来。”

他能组织出来的是“事实”，或者我们所说的“属性”。他并没有作弊，这些数字都是完全真实而准确的。可是，你确定你真的想要把你的生意建立在这些数字之上吗？

在我们看来，对未来进行规划时，这种定量强迫症会成为一种严重的桎梏。由于定量方法本身就暗示着对可测量因素的偏爱，以及对不可量化因素的漠视，因此从这个意义上说，它其实是保守而非创新的。它使企业相信，只要是可以测量的，就是重要的，譬如上文提到过的阿特金斯减肥法；

同时它也导致企业会低估那些我们今天尚无法量化的现象，譬如移动音乐。那么，现在就请你来评一评，阿特金斯减肥法和移动音乐，究竟哪一样才是21世纪更为振奋人心的创新呢？

在迎接未来的时候，“定量”并不是唯一重要的看问题角度。“定性”也同样重要。

假设5：商业用语必须专业化、去人性化

默认思维模式不仅在理解“人”这件事上无所作为，而且导致了一些更为严重的问题：企业里的人看待自身的方式也随之发生了改变，“企业生活”与“真实生活”之间逐渐形成了一条鸿沟。如今，商业和管理科学已经自成一格，商业用语变得越来越专业，越来越含蓄，外行人越来越听不懂了。你不再说辞退员工或裁员，而改称“组织机构规模优化”；你不再说什么先易后难，而是说“把低处的果子摘到篮子里”；你不再检查产品销售区域的工作，而是“评估渠道组合”；你不再晋升员工，而是“发挥人力资源优势”；你不再给员工发奖金，而是“给予员工物质性奖励”；你也不再干活，而是“执行”。你“协同办公”“优化”“融资”“简化”“应用”“改造”“提升”“再设计”……你避免“事无巨细一锅端”，避免错过“范式转移”[①]，避免“视野狭隘”，避免“复杂度升级”……你设法“充分利用组织机构中的协同效应”，并且“秉持以客户为中心的经营理念，以此来确保现有的利润空间；同时瞄准蓝海市场中尚未被发现的盲点，以追求更大的利益”——这一番话简直就像在吟诗。

---

① 范式转移：指一门科学、一项技术或一个行业所赖以运作的哲学基础或理论框架的根本假设发生了变化。比方说，对于地质学来说，板块构造理论的发展就曾导致了范式转移；而在技术上，向微电子技术的迈进也导致了范式转移。

德国哲学家尤尔根·哈贝马斯（Jürgen Habermas）[25]曾对专业用语取代日常生活用语进行过深入分析，他认为，这种从普通的、日常的措辞向专业的、具体的术语进行的转化，意味着一种权力的转变。当专业术语逐步蚕食掉日常生活中的简单用语时，标志着“系统”开始步步紧逼，而日常的现实人生，即哈贝马斯所谓的“生活世界”则在节节败退。哈贝马斯甚至进一步将这种转变称为“生活世界的殖民化”，即日常生活正遭到一种官僚和理性力量的殖民，而且无力抵御。这种转变进一步改变了我们看待世界的方法，从而形成了一种更为系统化、更多规则、专业性更强的世界观。最终，使得系统化的“我”与真实的“我”之间形成了一条难以跨越的鸿沟。

医学院的学生在接受外科手术训练时，非常注意术语的应用，甚至到了刻意为之的程度。为了使第一次站上手术台的年轻人能够在情感上对手术台上的人体保持一定的距离，这些学生必须学会使用一套极其专业化的医学术语。这是因为，只有这么做，他们才能承受得住这个场面。手术台上的人体不再被称为“人”，而是被称作“大体”。移除头部的皮肤也不能被叫作“去除皮肤”，而是“为大体进行进刀准备”。在指称人脑的各个部分时，学生们必须使用拉丁文名称。这套复杂而深奥的术语[26]能够帮助这些年轻的实习医师学会在进行科学分析时不夹杂一丝个人情感，而这正是成为一名正式的执业医师所必须具备的素质。

和医生一样，许多专业人士出于各种考虑，在语言的使用上大有讲究，对此我们应当心存感激。在医学领域，使用专业术语而非日常用语的做法自有其实际的意义和作用。专业术语使医学专业人士能够在工作中更准确地表达和交流，能够使全世界的医学界都能通过同一种语言来进行沟通，还能帮助实习医师做到常人所无法做到的事情。可是，对于我们这些从事商业活动的人而言，是不是也同样需要对人类世界保持一种超然物外的冷漠呢？为什么我们要设法与我们声称要为之服务的对象拉开距离呢？

尽管默认思维模式大行其道，许多管理者也愿意承认，它并不总是有效的。为了弥补这种线性的、按部就班的定量方法的缺陷，许多公司现在也已经开始尝试偶尔脱离事实和数字来思考。这些偶尔的、短暂的脱离以专题讨论会、静修会和分组会议等形式出现，期望通过企业领导者所谓的“跳出盒子思考”方法，来解决商业上面临的挑战。一般而言，人们将这种方法视为默认思维模式的对立面。“跳出盒子思考”法所基于的理念是：任何时候，任何人的脑子里都有可能蹦出新点子来。这种理念将“有没有点子产出”看得比“产出点子的质量”更为重要，同时将所谓的头脑风暴提升到了一个新高度。

虽然“跳出盒子思考”法能有效促进团队成员之间的互信关系，但是从根本上来看，“跳出盒子思考”法只不过是换了新装的默认思维模式。本质上，两者都是将复杂的人类行为切割成许多互不相关的孤立部分，而忽略了整体性和背景环境的重要性。这种错误的核心思路只能使我们继续算错人，继续理解不了人们的行为。

02

迸发创意，跳出盒子思考模式

The Moment of Clarity

接下来要讲述的这件事听上去就像是在编小说，但我们可以向您保证，确有其事，因为我们正是此事的亲历者。

健康的哈利 · 波特

“大家请注意——”精力旺盛的主持人一边嚷嚷，一边大声地拍着手，“各小组请就位，赶紧迸出些疯狂的点子来吧！”

这是 2005 年 8 月一个炎热的早晨。会议室里，50 位经过精挑细选的点子专家济济一堂。这些专家来自不同的专业领域，且个个在解决问题方面都极具革新精神。正是凭借着这两个优势，他们在主办方的人工筛选过程中脱颖而出。接下来的两天，这些专家将聚首这个高级专题研讨会，从不同侧面展示如何通过创新思维和设计思维来解决一些世界级难题。在这些专家之中，有来自巴西一家大型能源公司的首席执行官，有来自伦敦的景观设计师，有跨国时装品牌的品牌总监，有全球消费类电子产品龙头企业的技术总监，有来自纽约的投资经纪人，有来自丹麦的医学博士，还有来自新加坡的广告公司高管。

全世界最顶尖的50位创意思考者们齐聚一堂，闭门两日，研讨如何解决全球最棘手的难题。这期间都会发生些什么呢？

研讨会的主办方坚信，无论结果如何，都将是众人非凡才华的结晶。他们胸有成竹，早早地安排好了新闻发布会，不仅邀请了媒体，还特意挑选了一众投资人、政府官员、企业高管和专家学者，前来见证最终结果。

至于主持人方面，主办方请来了一位全球知名的设计思维和商业创新领域的专家，来不断激发团队成员的灵感。为此，他还带来了一份了不得的创意练习清单。“在接下来的两天里，我们都将像设计师一样思考和工作，”这位主持人告诉与会者，“我们要强迫自己跳出盒子思考，深深地潜入用户的世界，敞开心扉，拟写出几百条解决方案来，并从中选出最优秀的方案尽快投入实施。”

这个团队会在专门指定的工作空间里活动，那里布置有亮色的活动墙、豆袋懒人沙发、高脚凳、白板以及许许多多五颜六色的便利贴。墙上还贴了一些海报，目的在于为与会者提供一些建议和鼓励。其中一张海报上写着“不要贸然枪毙点子”，另一张海报问与会者“您感觉如何”，还有一张海报读起来令人无比振奋：“玩起来，躁起来，给咱来点够劲儿的！”

待所有人员围成一个歪歪扭扭的圆圈坐定，主持人开始鼓励与会者，让他们敞开心扉，做好心理准备，接下来的两天他们将要走出心理舒适区。他说：“你们中的每一个人都有着与生俱来的创意天赋。尽管后来你们被教导去驯服自己心中那个充满创意的小孩，但是他依然在那里。在接下来的两天里，就让我们放他出来撒撒野吧。”

与会者被分成不同讨论小组，写着世界难题的小卡片也分发到了各小组手中。我们团队分配到的任务是为全球医疗保健难题设计出一些激进的新点子来。诸如此类的任务也许听上去会把人吓得打退堂鼓，但那天一大早，会议室里人人士气高昂、信心爆棚。为了激发与会者的创造力，主办方甚至还请了一名女演员来带动气氛，帮助与会者放松心情。

“假如你们一味地躲藏在楚楚衣冠下面，一味地执着于普通的理性逻辑，就不可能想出什么疯狂的点子来。身为一名演员，我深知想要具备创造性，就非得先把原有的秩序翻个底朝天不可。那么首先，让我们都来给对方一个热情的拥抱吧！”女演员说道。

大伙都按她的要求做了。但相比那天一大早的群情激奋，这个拥抱仪式似乎少了几分热烈。只见人们尴尬别扭地伸长手臂相互缠绕了一番，尽可能避免触碰到对方的身体。

“感觉是不是很棒？”女演员问大家。

见有几名与会者点了点头，她又伸手指向那张写着“您感觉如何”的海报。“假如每天都能这样开始，是不是很棒呀？”女演员继续说道，“每天早晨，走进办公室，只管给所有人都来上个大大的拥抱！我敢打包票，假如大家都能这么做，工作时就一定会产生出很多创意。”

说着，女演员打开一只袋子，从里面取出了一个红薯。她要求大伙站着围成一圈，像传递一件圣物一般来传递这个红薯。她说：“这不是一个普通的红薯，而是一个能帮助你想出新点子的神奇宝贝。现在，只需将全球医疗保健难题和这个红薯作一番联系，看看你能想到些什么。我先来试试。”

女演员捧起红薯，对着它斟酌了起来。

“我在想，假如我们多吃蔬菜，那么生病的人就会大大减少。”她说。

主持人迅速将女演员的话记录在一张便利贴上，随即将便利贴往活动墙上一按。“第一个点子出炉了，”他说，“让我们来庆祝一下。”说着便带头鼓起掌来，与会者则勉强地跟着拍手。只见那张便利贴上写着“多吃蔬菜”几个大字。

现在该轮到与会者了。最先挺身而出的是一位金融投资人，他显然无法将红薯与全球性医疗保健难题关联起来。他绞尽脑汁，说话都快要结巴了，因为这个所谓的创意空间着实让人紧张焦虑。他觉得在这么重要的场合，非得开口说些什么不可。

“‘红薯’的第一个字是‘红’，‘红’怎么拼，h—ong—红，h——喉炎，红血球，护士，号脉，”他压低嗓门儿嘟哝着。随后，他像是被闪电劈中了一般猛地抬起头道：“我想到了！患者！”他大吼一声，嗓门似乎太大了些，语气则明显轻松了下来。“患者优先”，第二张便利贴上这样写道。

就这样，在不到30分钟的时间里，整组人就提出了不下15条点子，全都是关于如何解决全球性医疗保健难题的。全都和红薯不无关联。

“这只是冰山一角，”主持人说，“现在，真正有趣的事情才刚刚开始。接下来的36个小时对你们中的绝大多数人来说，将会是如同坐过山车一样的经历。我们将要完成在普通情况下要花上一年时间才能完成的创意设计流程。很困难，但绝对好玩到爆。”

在座中有一人越来越无法忍受这样的会场气氛了。这是一位以治疗糖尿病闻名的家庭医生。他双臂交叉坐在那里，每当有一个“红薯逻辑”珍宝被挖掘出来，他都会忍不住翻上一个白眼。

终于，他忍无可忍，出言打断会议：“我不太肯定自己是不是跟上了这儿的逻辑。就我个人看来，我是这个小组中唯一一个具备了一丁点儿和全球医疗保健难题相关背景知识的人。当然，我远不是这方面的专家。我并不是不尊重小组中的其他各位成员，只是我怎么也弄不明白，一群完全没有专业医学知识的人，怎么可能找得出解决全球医疗保健难题的方法呢？我的意思是，我们连究竟何谓‘全球医疗保健难题’都还没定义清楚吧。”

主持人的脸色第一次阴沉了下来，露出失望和担忧的神情。“我明白您的意思了，”他柔声说道，“您的担忧很有道理。让我们先把这个问题写到白板上，晚些时候再来看看能否将它转变成什么新点子吧。也许在您的担忧中就蕴含着问题的突破口呢。”

说完，主持人转过身去在白板上写了几个字。写完之后，他回过身来对医生说：“顺便提一句，请不必太担心组员背景的差异性，每一位组员都是创意人才。我们越能从更多的角度去看问题，就越有可能想出更多的点子来。”

就这样，研讨会继续进行。整组人随后被带到了一家医院，由人领着参观了一大圈。

“多拍点儿照片，将你们所见的一切都记录下来，”主持人鼓励大家，“尽量作壁上观，不要打扰到其他人，同时还要让自己沉浸到患者的世界。”

我们小组被安排去观察一位卧床病人。于是，15 位成员浩浩荡荡全部拥入患者那逼仄狭小的病房里。有些人围着病床站着，另一些则索性坐到了病房的窗沿上，还有几个甚至被挤到了洗手间里。小组成员们个个顺从地记着笔记、拍着照片，与此同时竭尽所能让自己不引人注目。说好了要“作壁上观”嘛。

总算回到了研讨会会场，可是新的练习已在那儿等着大家了。墙上新贴了两张大幅海报，隐约呈现出花朵的形状。

“这是一朵洞见之花。”主持人告诉大家。

这朵花有六片花瓣。主持人要求组员们在每一片花瓣中填写上刚才在医院参观时所激发的洞见。其中一张花朵海报上写着“医疗保健之今朝”，另一张上面则写着“医疗保健之明日”。于是，小组成员们开始讨论他们在医院的所见所闻，想方设法从中提炼出些什么东西来填满花瓣。

能源公司首席执行官几乎第一时间就发声了，他说：“我认为答案显而易见，医疗保健体系压根儿就没有做到以客户为中心。我敢跟你们打赌，随便找一家人均花费不到医院 1/10 的旅馆，服务都要比医院好上 10 倍。”

有几名组员点头称是，这位首席执行官受到鼓舞，大步上前，挥笔在第一片花瓣中写下：“没有以客户为中心。”

就这样，不到 45 分钟，组员们就把两朵花都填满了。“医疗保健之明日”要“以病患为中心”和“联网互通”，还要注重“整体医疗保健”，并提醒大家“预防很重要”。

当最后一片花瓣也被填上了的时候，那位家庭医生蹙起眉头问道：“这些有的没的与我们在医院所见到的有什么关系吗？”

“问得好，”另一位与会者说，“让我们赶紧把这条写到白板上去。”

接下来，便是头脑风暴的时间了。

与会者逐一参与了一大堆练习，包括什么“粗俗思维练习”，什么“任意词练习”，还有什么“天使与魔鬼”，总之都是诸如此类的名字。经过整整 3 个小时耗人心神、创意非凡的头脑风暴，全组人员奋笔疾书，点子写满了不下 300 张五颜六色的便利贴。整面墙都被这货真价实的创意之虹给淹没了。

“这简直太牛了！”能源公司首席执行官感叹道，“我的公司开到现在多少年了，都没整出过这么多点子！”

然而，当主持人接着要求组员们从这一大堆乌七八糟的纸片中投票选出最佳点子，并归纳出下一步大方向时，大家都傻眼了，满满的成就感霎时变为挫败感。这些点子似乎根本无规律可循，其中许多描述单独拿出来再看的时候，立即就显得过于抽象难懂了。

主持人鼓励大家从 300 张便利贴中归纳出三五个主题。他说：“就像是做那种把一个个点串联起来的游戏那么简单。”

第一个浮出水面的大主题是儿童健康问题。

能源公司首席执行官说：“只要我们能教孩子们吃健康食品，每天锻炼身体，不抽烟，不喝酒，那我们就解决掉一大半全球医疗保健难题啦。”家庭医生最终同意了这一点。毕竟，抽烟、酗酒和缺乏锻炼这几条确确实实能从很大程度上解释人们罹患糖尿病的原因。其他主题还包括“为贫穷人口提供清洁的水资源”“以病人为中心的医疗保健项目”“为发展中国家提供人民能负担得起的药物”以及“互联网医疗保健”。

做完这些已经是晚上 8 点，小组成员个个心力交瘁。

于是，有人建议说：“要不我们就选那个儿童的点子吧。”全体组员一致通过了这个提议。总算可以回去休息了。

第二天下午，上百号人纷纷汇聚到创意研讨会会场来洗耳恭听最终的结果。会议室里的景象看起来就像是刚被一场真正的创意飓风席卷过：到处都贴满了便利贴，涂涂画画的草稿纸铺了几桌子，残留着人体轮廓印记的豆袋懒人沙发左一坨右一坨，各种稀奇古怪的乐器和儿童玩具散落满地……在场的每个人都满怀期待，想要听听这些全世界最具创新精神的头脑，究竟是如何解决无比棘手的全球医疗难题的。

另一边，整整一天，医疗保健小组的成员们都在为最后的那场陈述演讲煞费苦心，却绞尽脑汁都想不出一套连贯的策略来。随着陈述演讲的时间越来越近，组员们开始害怕到时候他们不得不站到台上，胡乱抛出一大堆七零八落的建议，却理不出一条清晰的脉络来。幸运的是，有一名组员突然有如神助般地提到了哈利·波特。于是，电光火石之间，所有那些看上去杂乱无章、毫无关联的素材全都“砰”地一声，一股脑儿地归入到了一个非凡的框架结构之中。

哈利·波特如何帮助全世界的孩子们过上更健康的生活？

接下来，组员们找来一些设计专业的学生帮他们将这个点子直观地展示出来。他们一直忙到陈述演讲规定时间的前 10 分钟，才总算把所有东西都归整到了一块儿。他们给最终的解决方案起了一个响亮的名字：“健康的哈利 · 波特”。

陈述演讲的预定时长为 10 分钟，但组员们根本停不下来！他们被自己的设计方案所预示的诸多可能性激励鼓舞，滔滔不绝。然而，听众们却一个接一个地溜出发布会现场。

最终，主持人不得不出面打断了他们。所有人都不由大舒一口气。没有提问，也没有评论，剩下的听众在陈述演讲结束后不到 15 秒就走光了。整组人站在台上，对着空空如也的一排排座椅，面面相觑，感到既亢奋又迷惑。刚刚究竟都发生了些什么呀？

没有一家媒体、一位记者选择“健康的哈利 · 波特”这个概念来进行报道，也就是说，这条点子在一个小时内，从生又到死。实际上，在整个过程中所产生的无数点子中，没有任何一条能够得以继续发酵，最终为全球医疗保健难题带来哪怕一丁点儿的改善，连一个念头都没能激发。

不过全体组员和主持人依然一致认为，这次经历并不纯粹是浪费时间。过程很精彩，点子也很有新意，只不过看待改变全球性医疗保健难题还需要有个新思路。这事儿有点类似于油罐车掉头。全体组员一致认为，待到天时地利人和齐备之时，转机说不定就来了。

所有人都同意这个看法，除了那位家庭医生。他在几个钟头前就早早闪人了。他说要去给一位病人看病。

跳出盒子思考模式的运作方式

“健康的哈利·波特”这场闹剧听起来更像是发生在某些低端业余的商业创新讲习班上的场景，但这确确实实是我们作为医疗保健小组成员所亲历的真人真事。

更为有趣的是，这一切与现如今人们用来启发创意的常规途径如出一辙。通过与多家全球顶尖企业数百次的互动交流，我们发现，企业普遍认为启发创意应当有一套标准的模式。假如你想要验证一下我们所说的，那么就请随便找些关于商业创新的文献资料来读一读；或者随便报名参加一个名字里头有着“设计思维”[①]“创意”或者“创新”字眼的研习班；再或者，不妨索性直接溜进全世界随便哪个犄角旮旯的思维讲习班里旁观，那么你就会发现，这套模式随处可见。

这套启发创意的行为模式又反过来形成了一种人们思考时的心智模型。这种目前占主导地位的心智模型决定了我们对于创新的看法：创新是什么，创意是如何产生的，人们如何启发创意，在某些情况下我们该如何去创新。请注意，我们所要谈论的并非如何在企业内部实践创新，亦或是企业实际上是怎样创新的，而是在商业语境下关于创新的基本假设。这些假设的核心就是，与默认思维模式相对的跳出盒子思考。因此，现今的企业领导者们很自然地就会想到，假如我们在日常工作中运用的是按部就班的理性思维和线性思维，那么相对地，当我们进行创意“静修”时，就应该是古离古怪、神神叨叨、出人意表、神游太虚、随心所欲的。接下来，就让我们再进一步，分别考察 5 条这样的基本假设。我们将会发现，它们

① 设计思维，指将设计过程的各种有用的思维方式运用于更大规模的创意和分析项目。具体来说，就是结合了同理心、创造性和理性思维。

对于一家在迷雾中摸索前行的公司来说，存在着多大的问题。

关于创新的5条基本假设

假设1：创意 = 稀奇古怪

如果现在有人说：“让我们跳出盒子思考吧！”绝大多数人立刻就会明白这是什么意思。“跳出盒子思考”已经成为“创意”最广为人知的代名词了。它的定义是：从非常规的角度去看问题，以便能想出标新立异、出人意料的点子来。但是，稍等一下，“跳出盒子思考”真的明摆着就是“具有创新性”吗？这究竟是个什么盒子？跳出盒子又意味着什么？

“跳出盒子思考”这个说法最初源自一道具体的游戏题：一张纸上画有按3×3矩阵排列的9个点，如何画4条直线将9个点都连起来？想要解开这道题，唯一的办法就是将线条画到矩形外，所以才有了“跳出盒子”的说法。要答出这道游戏题，就需要我们能够跳脱所有显而易见的画法。

在商业界，“盒子”指的不再是由9个点所组成的矩形，而是一种传统的框架，一种常规的思维方式，包括企业的惯例、流程、习惯做法以及现存观念。但是这样一来，这个比喻其实就简单粗暴地将“商业”给一分为二了：“商业内”与“商业外”。所谓“商业内”，就是那些基于惯例、常规和现存观念的东西，因此被视为缺乏创意；而“商业外”则意味着打破惯例，不理会常规，鼓励创造性的思维跳跃，以及产生疯狂的点子。换句话说，创意就是反常规，创意就是稀奇古怪。

假设 2：创意是一套流程

另一个十分常见的流行概念是头脑风暴。人们常常使用这个概念来形容某种特别的集体活动：整个活动过程不受任何批判的制约，气氛宽松自由，大家群策群力贡献点子。“头脑风暴”这个词可以用来形容任何一种没有真正条理或结构的意见交流活动。比如，你可以说：“让我们来头脑风暴出一个清单吧！”意思就是要大家集思广益、各抒己见，每一个被提出的点子都会被记录下来。你还可以这样提问：“现在我们这算是头脑风暴呢还是正式开会？”言下之意是，头脑风暴既没有规定的时间也没有固定的流程，而这两条恰恰是正式会议所不可或缺的。

“头脑风暴”一词是20世纪50年代经由一名广告公司高管亚历克斯·奥斯本（Alex F. Osborn）[1]的推广而流行起来的。奥斯本对员工在写广告文案时总是缺乏创意，感到非常苦恼。于是，他一改往日倚仗个人闭门造车想点子的做法，尝试着让手下人以团队合作的形式来一起想点子，结果发现集体创意所得出的点子在数量上和质量上均获得了极大的提升。在这一发现的基础上，奥斯本进一步发展出了一套通用的创意思维流程，并且声称他的这套流程可以用来解决各类问题。他在20世纪五六十年代写了好几本书，将他的创意思维流程运用到了儿童、兴趣爱好、婚姻、工作、健康和幸福等许多领域。

奥斯本坚信，每一个人都是有创意的。不仅如此，只要通过一定的程序步骤，任何人都可以将内在的创造力激发出来。在广告行业，这显然是行得通的，因为广告行业的主要产品就是创意。不过，奥斯本野心勃勃，打算带领他的发现走出麦迪逊大街①，步入整个西方文明世界中去。

① 美国纽约市的一条街，乃美国广告业的中心。——译者注

他将这个夙愿视为自己一生的事业，他说："我们每一个人都有一盏阿拉丁神灯。假如我们花足够的力气去摩擦神灯，它将为我们照亮一条更好的人生之路，正如那盏点亮了文明进程的神灯一样。"[2]

奥斯本在1953年出版的《你的创造力》（*Your Creative Power*）一书中，首创了"头脑风暴"一词，并将"头脑风暴"描述为一种能按需创造出新点子的技术。他写道："所谓'头脑风暴'，就是用头脑去攻袭一个需要用创意来解决的问题，就像是突击队那样，每个队员都要大胆攻袭同一个目标。"[3]

那么，头脑风暴究竟应该如何进行呢？关于这一点，奥斯本设计出了一整套非常详细的流程，其中最重要的一条规则是：在开始头脑风暴之前，必须首先把需要解决的问题给定义清楚。奥斯本明确地指出："一场头脑风暴不可能同时解决两个问题。"[4]

在把问题定义清楚之后，头脑风暴的过程中还必须遵守以下4条规则：

◎ 只提点子不评论，避免对任何点子进行评判。
◎ 尽可能多提一些点子，异想天开、不着边际的点子也没关系（甚至更好）。
◎ 量变孕育质变：点子的数量越多，产生金点子的可能性就越大。
◎ 对点子进行结合与改进：参与者应改进彼此提出的点子，并且努力尝试将彼此的点子以各种有趣的、出人意料的方式结合起来。

就这样，在那个美国工业最为疲软的年代，一项全新的技能从天而降，并且承诺保证能制造出点子来。不难想见，头脑风暴很快就引起了轰动。人们相信，用了这个新方法，就可以解决各种各样的商业问题，这无异于找到了最新出炉、包治百病的万灵药。尽管奥斯本本人把话说得非常清楚，头脑风暴只适用于一个特定的目的，即仅针对一个被严格定义了的问题展开小组讨论，但是没过多久，“头脑风暴”就成了流行语，并且逐步演变成了商业创新流程的代名词。

许多头脑风暴的变种应运而生，比如水平思考、设计思考、萃智理论、电子头脑风暴，等等。然而，所有这些理论都有着一个最基本的思路，即创意从根本上来说就是个流程问题：你需要有正确的流程和步骤，一如生产线上的零件井然有序地组装出成品那样，小组成员也能够按部就班地炮制出点子来。按照这个逻辑往下推，就可以得出这样一个假设：既然在某种程度上流程比内容本身更重要，那么专家压根儿就没必要存在了。实际上，在某些头脑风暴的实施过程中，专业性的、高深的知识甚至被视为潜在的创意障碍。《行之有效的怪点子》（*Weird Ideas That Works*）一书的作者罗伯特·萨顿（Robert Sutton）就曾这样写道：“在创新的过程中，无知是一种福佑。”[5]

请注意，在这样的论述中，点子被定义成了某种单独的、可数的物件，它们可以被轻易地记录在册，可以像豆子一样被一颗颗清点，或者像乐高积木一样被混搭在一块儿。换句话说，点子被视作一种模块，并且被完全从想出点子的背景环境中剥离出来。这种被原子化、模块化了的点子很轻易就能被改变，也很容易被解读，因为它们所蕴含的信息带宽很窄。想出一个这样的点子简直是分分钟的事儿，而枪毙一个点子更是无须承担任何风险。

在这种论述中，点子被视作从背景环境中剥离出来的物件，因此随便什么人都可以拥有点子，随便哪个角落都能生出点子。一旦我们用这样的方法来理解点子，那么其中的随机性和偶然性就变得至关重要了。假如点子只是些没有任何内在意义的颗粒，那么何不将这些随机生成的化学物质丢进试管里去好好摇上一摇呢？

假设3：点子是天上掉下来的馅饼

“即便您不是天才，也可以使用与亚里士多德和爱因斯坦相同的策略去操控您头脑中的创造力，从而更好地经营您的未来。”迈克尔·米哈尔科（Michael Michallco）在《像天才一样思考》（*Thinking Lile a Genius*）[6]一文中这样写道。我们常被这种鼓吹每个人都具有创造力的浪漫主义观念所诱惑，以为只要能掌握所谓的创意流程，再摆脱掉批评和意见的枷锁，自己的天才就能得以显现和发挥。

这就好像是在说，只要调好了配方、算准了时机，我们就能像炼金术师变戏法一样，“砰”地一声，点石成金。我们所有关于创意的老生常谈都不过是在加深这种印象。我们总说“我有了一个点子”，或者“让我们找几个点子吧”，就好像这些点子会从天而降一样。一家全球制药业巨头的一位高管就曾立下规矩，要求公司管理团队在每周五下午六点准时召开一个创意构思会。所有人在会上构思一些宏大且长远的计划，并将这个会议称为“蓝天会议”。

坊间广为流传的那些关于点子和创新的奇闻异事或老生常谈也助长了这种想法：认为只要机缘对了，点子就会从天而降。很多人都相信，爱因斯坦的狭义相对论是他在某天晚上驾车回家途经小镇钟楼时忽然想出来的，而达尔文的进化论则是他在乘坐“比格小猎犬号”轮船四处航行时灵感突发提出来的。更晚近一些的谣传还有，eBay的创始人在参加一次鸡尾酒会时，同别人聊到自己的未婚妻要与他人交换所收藏的佩兹糖果盒，于是灵感迸发创立了 eBay 网。当然，假如你去查阅真实、详细的历史记录，就会发现这些流传甚广的说法要么是虚构的，要么是什么人一厢情愿的说法。

假设 4：创意意味着剧变

奥斯本及其追随者在谈论所谓创意技术的使用时，主要是针对那些相对具体、明确的问题，譬如为新产品想一个名字，而我们现在却经常使用诸如“突破”“变革”“革新”，甚至“颠覆”这样的词来形容点子。这种话语上的转变是从 20 世纪 90 年代初开始的，当时的管理学权威、商学院学者、管理咨询公司、商业媒体，甚至西方各国的政府首脑都一致认为，人类正在跨入一个崭新的时代，因此必须做好迎接全新经济体制的准备。我们的经济模式正从实体经济迈向网络经济。当时，许多人认为，这个转变至关重要的一点在于它将改变整个商业框架，因此我们必须告别过去那种“渐变”的思维模式，转向一种“剧变”的思维模式。

管理学权威加里·哈默尔在畅销书《领导企业变革》(*Leading the Revolution*) 中这样写道：“有史以来第一次，人类可以突破历史的限制，不必再从过去吸取经验然后一步一步摸索前行，而是可以反过来，从我们的想象开始逆向完成创举！”[7]哈默尔认为，一名称职的管理者的一天应该是在梦想、创新、探索、发明、开拓和想象中度过的。如果你做不到这样，就表示“你已经完全和世界脱节，你的企业很可能马上就要跟你说再见了”。[8]换句话说，要么想出激进的点子，要么死。想要成功，你就必须成为革命者。哈默尔要求他的读者立下誓言[9]：

从今天起，我不再做历史的囚徒。
人有多大胆，地有多大产。
从今天起，我不再做无趣的官僚机构的奴仆。
我要积极改变世界，拒绝当寄生虫。
从今天起，我不再做无名小卒，
跟在时代前进的巨轮后面亦步亦趋。
从今天起，我要做一名革命者。

可以说，安然这样的公司就是这一类思维模式的最佳代言人。尽管这一套关于革命的行话俚语这些年来已稍稍消停了些，但其中最基本的一条观点，创意就意味着“非常非常新”，早已在我们心中烙下了根深蒂固的印记。正像我们曾服务过的一位高管所说的：“我才不关心那些只能产生渐变的小点子呢。我想要的是那些疯狂的、不可思议的、前所未有的激进点子。点子嘛，就一定要非常非常有新意。那才能叫创意嘛。”

假设 5：创意是个有趣的游戏

商业创新的最后一条假设是：只有宽松有趣、休闲玩闹的环境，才能产生创意。这条理念可以从经常出现在创意公司里的那些象征着创意的物件上面看出来。随便哪家公司想要改变自己的形象，给客户和顾客留下更具创意的印象，都会不约而同地使用同样的标识。

如果说默认思维模式的典型象征物是秒表，那么象征“跳出盒子思考”法的则是五颜六色的便利贴。贴满了便利贴的白板远看就像是远古时期的壁画一样，它们明确地告诉每一位观者：“嘿，快看，这儿正在从事着创意活动呢！”便利贴的象征意味深入人心，许多公司都会拍些这样的宣传照片，譬如员工在贴满了便利贴的环境中办公，这个场面使他们看上去正埋头于创意思索。不知道你有没有发现，你从来都无法看清照片中的那些便利贴上究竟写了些什么。这是因为上面写了什么根本不重要，便利贴本身才是照片真正想要传达的信息。他们从来都不会拍员工在做电子财务表格之类的照片以彰显公司超凡的分析能力。创意需要大张旗鼓，最好能张灯结彩地大肆宣扬一番。

当然啦，便利贴只是整场游戏的热身运动。在那些标榜创造性的公司里，你还能看见玩具枪、开放式办公空间、白板、豆袋懒人沙发、倒悬于天花板上的自行车、桌球台、无处不在的滑板车，以及此起彼落的欢声笑语。《如何想出牛 X 点子》（*How to Have Kick-Ass Ideas*）一书的作者克里斯·巴瑞兹 - 布朗[10]（Chris Barez-Brown）就认为，戏谑玩闹与创意才能之间存在着直接的联系。他在书中写道："现在就玩儿去吧！我的意思是，假如你拿不定主意，那么就对着世界唱'呐呐呐—呐呐'！"[11]

巴瑞兹 - 布朗的书被视为文学作品中向创意思维致敬的代表作，书中满是些你会在学前幼儿读物中看到的词句和用语。在这位作者看来，玩闹的天敌，首推那批所谓的专家和自称懂很多东西的人，他把这些人戏称为"想啊想啊的聪聪"。[12]

这样的词句和用语使人们一想到玩闹，立即就会联想到解放。这其实是在传递一种观念：工作束缚了我们的思路。办公室只会使我们沾染上无趣的官僚派头，而我们的专业技能和专业知识只会蒙蔽我们的双眼。想要变得有创意，我们就必须从公司官僚主义的风气、专业知识和理性分析的束缚中挣脱出来。而真正的解放只属于孩童世界：不设防，嬉戏玩闹，充满好奇心，想干嘛就干嘛。

然而，为了避免这样的思维方式纵容出一种类似电影《苍蝇王》（*Lord of the Flies*）[①]中所描绘的公司文化，大多数有关创意思维的书籍都明确表示，企业并不想让员工“每时每刻”都表现得像孩童一样。相反，员工应该“按指令”切换出孩童状态来。于是，便有了创意会议开头用来带动气氛的“破冰游戏”、气氛陷入低谷时用来提振士气的“强心剂”，以及培养团队精神的“团队建设游戏”，等等，全都标志着趣味和玩闹时刻的到来。这种玩闹的游戏形式多种多样，不胜枚举。例如，在一次创新专题讨论会上，我们被指导着去“探寻自己身体内的顽皮小精灵”；还有一次，我们被要求成为“点子招魂者”；还有一次，我们甚至被要求成为“人体风暴团”，意思是“不许讲话，只许毫无拘束地玩闹”。

关于商业创新，尽管某些极端的例子听上去十分荒谬，但是撇开这一点，它的矛头始终清楚地指向一个越来越困扰人们的问题，即传统管理学逻辑所存在的局限。这样的担忧并非毫无道理。公平地说，“跳出盒子思考”确实为企业带来了一些成果。以头脑风暴为例，对于那些定义明确、范围较窄的问题，比如产品差异化设计、产品名称、企业或产品的宣传语、解决实际具体问题的可选方案、罗列用户特征等，头脑风暴确实是个很好的方法，能够激发出大量点子。在公司外面举行的创新专题讨论会包括破冰热身、快速生成点子和积极团队合作，非常有助于提高团体绩效、知识分享以及员工的参与感，甚至单纯用来增加工作中的乐趣也十分有效。可是，对于另外一些问题而言，例如企业管理者想要了解为什么近期的一系列产品投放都失败了，或者企业的整体业务一个季度接一个季度地大亏损怎么办，又或者如何搞清楚未来的趋势，又该在哪一块赌上一把等。对于这样

① 《苍蝇王》描述了这样一个故事：一群少年因战乱而流落到一座与世隔绝的热带小岛上，他们由最初的天真无邪逐渐堕落，最后沦为泯灭人性的野兽。——译者注

的问题，头脑风暴可以说是一点儿忙都帮不上。

“跳出盒子思考”的问题并不在于它的目的，也不在于它所借助的工具或程序。它最致命的缺陷在于向人们保证能够快速、高效、轻易地一遍又一遍批量制造出点子来，并且无需承担任何风险。可是，想要正确地理解“人”，就必须对人的行为进行一场深入的调查研究。同样地，真正有创意的点子也需要一段更长的孕育期，而且往往还需要训练、背景知识和经验。和那些在办公室外进行的、步骤井然有序的“跳出盒子思考”专题讨论会相比，这个过程要凌乱得多。真正具有突破意义的洞见绝不可能像是工厂流水线上生产出来的小玩意儿。最开始，我们只会隐隐感觉到它的雏形，一如清晨地平线上隐约闪现的第一缕阳光。它在我们的脑海中浮现，只是一种连说都说不上来的模糊概念，或者朦胧的感觉。

爱因斯坦一开始也只是对伽利略提出的相对性理论感到不满意罢了，他甚至都说不上哪儿不满意，只是有种预感，假如他抓住这个理论的漏洞继续深究下去，也许有一天会发现什么有意思的东西。于是，他便在心里暗暗地设想出一些谜团[13]，譬如：假定人能以光速飞行，飞行时双臂前伸，手捧一面镜子，这时这面镜子中会映出怎样的影像呢？会不会是这个飞行着的人的脸呢？如果是，那么镜中映出的会是一张正常的脸呢，还是说以光速飞行会扭曲他的面容？如果此人以光速飞行，那么从他的视网膜反射回来的光线又会发生些什么呢？地上的观者又会如何？射到他们视网膜上的光线是不是也会扭曲飞行者的影像？

爱因斯坦日复一日、年复一年地思忖着这些难题，有时也和朋友们讨论，试图揭开这些谜团。就这样过了整整十年，一度模糊的感觉才终于慢慢成形，终于能够用语言表达出来了，“我有个感觉，光速是恒定不变的”。

这一刻，雏形脱胎换骨，最终成为可识别的洞见。正是在这一刻，我们抵达了意会的那一刻。心理学家米哈里·希斯赞特米哈伊（Mihaly Csikszentmihalyi）①曾经做过一项针对最具有创新能力的人的著名研究[14]。该研究发现，花时间安静而投入地去做一些毫不相关的事，往往能帮助新点子浮现脑海："思路酝酿阶段的认知记录表明……即使在我们压根没有意识到的时候，即使在我们沉睡的时候，大脑依然在进行一定程度的信息处理工作。"[15]

爱因斯坦的相对论并不是他一时灵光乍现，在电光火石之间想出来的；恰恰相反，是在他做三明治的时候，泡澡的时候，晨起散步的时候，晚上睡觉做梦的时候，以极其缓慢的速度显现出来的。在本书的第二部分，我们将更为仔细地分析洞见初现的经验以及随之而来的意会时刻。是时候把"人"给算算清楚了。

---

① 想了解米哈里·希斯赞特米哈伊的更多思想，推荐阅读由湛庐文化出品的《创造力》。——编者注

第二部分

用人文科学解决棘手的商业难题

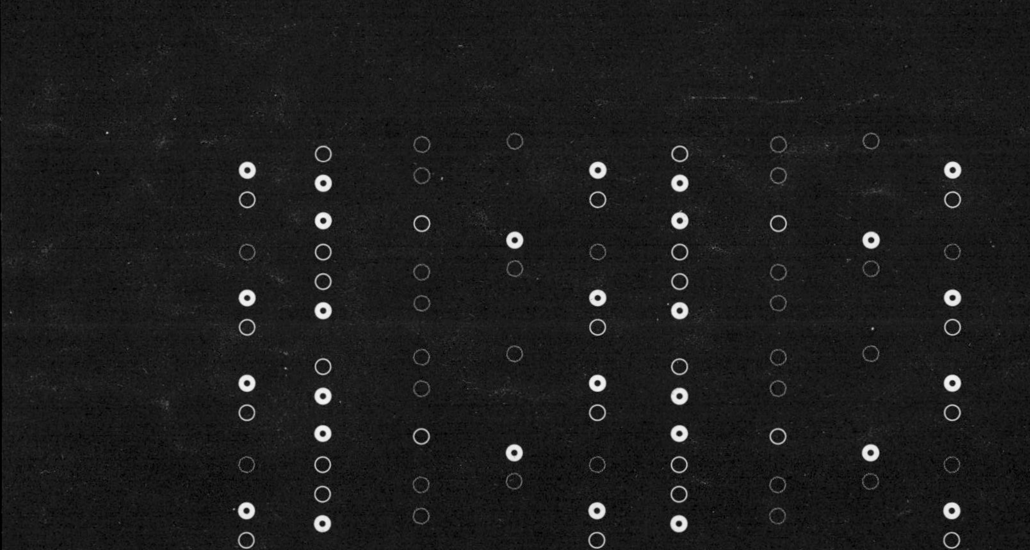

那些具有误导性的战略解决方案

当默认思维模式起不了作用的时候，人们往往会采取一些根本就不能算是方法的方法。在深入探讨如何利用人文科学来解决商业难题之前，让我们先花一点时间来揭露一些时下最为流行，但也是最误人子弟的战略解决方案。

大数据解决方案

所谓大数据解决方案，就是指跟踪、搜集并处理、分析大量的消费者数据。这些数据大多以这样或那样的数字形式呈现出来。如今许多人都着迷于大数据解决方案，觉得靠着这个方法一定可以赢得市场。大数据解决方案之所以很诱人，是因为它迎合了目前世界上最前沿的计算机算法，这种算法可以从迄今为止前所未有的海量数据中筛选出有用的信息。尽管这一切听上去很了不起，但是大数据解决方案把所有的重点都放在了技术上面，而大大忽略了世界上最强大的计算“机器”，即人类大脑。别忘了，无论数据被切得多细多碎，在某个阶段总还是要靠人来处理分析的，总还是得由人来思考、解读和判断算法所给出的结果。得出判断的时刻，也就是我们所说的意会时刻。要想做到这一点，需要的是时间、深入思考以及经验，而这恰恰是大数据解决方案所不能提供的。

“史蒂夫·乔布斯”式解决方案

我们可以打赌，过去十年你一定听说过这个方法。这套理论听上去很有说服力：你的团队中必须有那么一号人物来担任乔布斯的角色。这套理论最魅惑人心的地方在于，它明白无误地告诉你，每个人都可以成为乔布斯，或者至少可以像乔布斯那样思考。那么，我们就可以顺理成章地推出这样一个结论，即任何公司的任何商业问题的解决方案就是，创造一款该行业中的 iPod 或 iPad。说白了，这个解决方案其实就是在告诉你，一项尖端技术足以拯救你的公司。

客户定制解决方案

如今，许多公司在做策略规划的时候，都越来越痴迷于这样一条理念，即所有的消费者都希望拥有个性化的产品。无论这意味着是让消费者参与设计产品的最后阶段，还是通过定制化的购物体验来迎合消费者的某种生活方式，这个解决方案都是在告诉我们，产品的价值来自于消费者的参与，而这种参与无非就是允许他们胡乱鼓捣一堆画蛇添足式的产品特征。

开放式创新解决方案

开放式创新解决方案告诉我们，要想解决问题，光靠企业内部资源已远远不够，必须依靠来自企业外部的创造力。所以，每一步都要外包，都要众包，都要共享资源！通过竞买、竞卖等激励性措施，让顾客、合作伙伴等为企业带来创新，这些外部资源往往能激发出更优质的点子来，并且能够帮助企业找出更多获得成功的方法。

社交媒体解决方案

社交媒体解决方案的核心理念在于，Facebook、Twitter 等社交媒体可以加强企业与消费者之间的关系。这个解决方案告诉我们，应该将消费者纳入品牌 - 消费者关系的互动中来，譬如让消费者选择为自己所喜爱的品牌“点赞”，或“转发朋友圈”，等等。这么做有助于增进消费者的品牌忠诚度，还能产生有意义的品牌 - 消费者互动体验，而这正是每个品牌都梦寐以求的。

或许这些解决方案中存在一些道理，甚至亮点，可遗憾的是，没有一个方案能够帮助企业进行长期战略规划。没有一个方案能够提供对市场的判断，也没有一个方案能够代替人去进行烦琐的分析研究，搞清楚那些正在发生变化的、会对商业核心产生影响的现象究竟意味着什么。就拿大数据来说吧，这显然是个值得我们关注的机会，我们所要回答的问题是：面对与消费者线上交易相关的海量数据，我们究竟该如何从中提取出有用的信息，又该如何解读它们呢？可是，大数据解决方案所能做的，只是作为某个更大想法的执行工具。你必须先对自己的产品可以为顾客提供些什么有一个更为深刻的认识，才能够从繁杂的数据分析结果中筛选出有用的信息来。

让我们再来看一看乔布斯，他可以说是一个神一样的企业领导者，而苹果公司的故事也确实能带给我们许多启发。然而，乔布斯自成一格，他结合科学技术和人文知识的做法具有特殊性，并非对于各行各业都适用。假如你只注意到了其他企业领导者的成功之处，就难免会顾此失彼，觉察不到能够改变自己行业游戏规则的机遇。领导者能觉察到别人所觉察不到的东西，要想成为某一领域真正的领导者，决不能仅靠模仿乔布斯，而是必须充分利用自己多年来累积的经验和实际知识，拓宽自己看问题的视野，认清行业形势才行。

要毅然决然地与这些保证能为长期战略解决方案带来成功的理念一刀两断绝非易事，好在如今我们已经看清了这些方法的局限性。唯有对消费者行为进行更深入的考察，才能拥有创新和发展的机会。只有全盘接受现实，以诚实的态度面对生活本来的样子，才能看清楚什么是真正重要的。

03

人文科学，从人出发

The Moment of Clarity

2010 年，某大型跨国电子产品公司想要了解小型数码相机市场。过去，这家公司在这种轻便小巧、外形时尚、价格相对便宜的相机市场曾占有较大的份额。人们周末外出时把这种相机丢进包里随身带着，拍一些度假照片，或者父母们参加孩子的毕业典礼、毕业舞会时，也可以用它拍一些具有纪念意义的家庭照片。小型数码相机并不是什么奢侈品，但是它们足以起到最应该起到的作用，即让人们能够拍出少量的优质照片，以便日后冲印出来，收藏在一本本相册或者一个个相框里。可以说，这些相机所充当的角色是某种记录设备，它们适用于发生频率相对较低、具有纪念意义的场合。

然而，几乎是一夜之间，所有这一切都变了。

有意义的不是相机，是用相机的人

首先是市场上出现了带拍照功能的手机。然后，如雨后春笋般涌现出大量社交网站，以及随之而来的各种分享照片的新途径。仅仅数年之后，市场的变化就令这家企业如坠五里雾中。传统相机究竟还有意义吗？如今的青少年究竟想从照片中获得什么？假如对目前市场上所出现的关于照相的新现象毫无头绪，又如何设计下一代新产品呢？

一筹莫展之际，这家企业决定求助于专业的调研人员，请他们专门针对全美青少年在拍照（无论是摆拍还是随手拍）上的变化进行研究分析。调研人员很快就发现，这些青少年不再在社交网站上发表文字，而是更喜欢上传照片。并且，他们上传的不是屈指可数的几张，而是成千上万张照片。甚至，这些照片不再是记录发生在过去的某起重大事件；相反，它们本身就是当下正在进行的实时会话。一名调研人员还注意到，某些经常混迹于KTV的小圈子，会指定其中的一名成员每隔两分钟就为他们拍上一张照片，将照片上传到社交网站，供人们分享、评论，有些照片甚至在当晚的活动结束之前就会被删除掉。此外，这些海量的照片并没有连贯的主题，而是纷繁芜杂，其数量之庞大使得用户很难再回过头去一一浏览或搜寻。调研人员发现，有些青少年会从之前发布到社交网站上的照片中寻找他们所需要的照片，而不是像过去那样从相机的储存卡里进行翻找。一度象征了永恒的摄影，如今却成了稍纵即逝的标记，简直就像是直播现场表演似的。

所有这一切变化，都在为带照相功能的手机提出更多新的功能上的要求。青少年在寻找整理海量照片的方法，他们希望带照相功能的手机可以标记、收藏某些照片，以供日后上传到Instagram这样的社交网站，其他照片则可以丢进数据垃圾桶里去。

假如这家企业遵循默认思维模式展开调研，那么很可能在一开始就会提出这样的问题：我们要如何才能重新夺回相机市场的份额？然而，它并没有这么做，而是选择丢弃一切为时过早的假设，花些时间去挖掘消费者群体行为背后的深层含义。最终，这家企业发现在当今的青少年文化中，数码照相被当成了一种直播剧场的形式。与那些可能会在战略会议上提出的观点相比，这个结论显然更有意义、更有价值。它很自然地为企业带来了新思路：今后设计的新款相机要使用户能够通过简单的操作，直接把拍摄的照片上传到社交网站上去；与此同时，考虑到大多数照片其实就是用户的流动记忆库，还必须将搜索功能做得尽可能直观，使用户可以快速决定哪些照片要保留下来，哪些就直接不要了。

这家企业的管理层意识到，唯有结合产品的具体用途，才能真正厘清照相机的价值。他们认为，有意义的不仅仅是相机本身，更是使用相机的人。

人文科学，或者也可以称之为“软科学”，所倚仗的并不是自然科学所惯用的定量方法。研究人类、文化、关系、权力、规范和价值所需要的技巧，与研究分子、作物或星体所需要的技巧完全不同。诚然，对于从事商业活动的人来说，或许并不需要成天坐在那里冥思苦想现实是如何作用于人、人又是如何应对现实的。可是，面对日趋复杂的商业世界所带来的新挑战，我们又该如何是好呢？瑜伽算不算一项运动？电视正在发生着什么样的变化？为什么一夜之间所有人都带上了耳机？数码游戏是如何发展起来的？年轻人为什么不再愿意为媒体付费了？面对诸如此类的难题，我们应该把数字或电子财务表格暂时放一放，进一步聚焦到人们对于这些产品的体验上来。

本章我们将以人文科学为基础，为读者提供一套理论背景，用以解决诸如此类的商业难题。当然，本书只是一本指导手册而非百科全书，所提及的理论背景也并非巨细靡遗，但是当你日后开始亲身实践一场不事先设限的探索之旅时，本书或可聊作参考。

在接下来的几章中，我们描绘的并非一套僵硬、不可变通的死规定，而更像是一份指导性的乐谱，只是为演奏者提供一些框架性的提示和建议，最终还是要靠演奏者，也就是你本人的技巧来演绎作品。在本书中，你将看不到什么“五步计划”，也没有关于这个或那个的“七宗秘密”。你读到的将是一个理论框架，帮助你用一种不同的方式去理解人；你还会读到一套方法论，教你如何将这套理论应用到自己的商业难题中。我们之所以将这套方法称为“意会”法，是因为它所要做的正是将散落于令人困惑的数据瀚海中的诸多小细节给一一串起来。通过意义的建构，我们得以抵达意会的一刻。当你通过一次次的实践变得更为熟练之后，大可以自己为它起个名字。你也可以将这套理论化为己用，从而发展出一套属于自己的启发法来。丑话说在前头，任何值得我们去实践的事情都绝非易事，这套方法也不例外。但随着经验的累积，相信你用起自己的意会法来一定会越来越得心应手。因此，我们恳请你将之后的几章看作是入门教材。本章将介绍基本的理论，第 4、5、6 章再转到更为具体的实际应用层面，并辅之以相关的商业案例。

现在，就让我们透过人文科学的镜头，开始审视人们究竟是如何体验这个世界的吧。

对体验的研究

“现象学”是一门研究人类是如何体验生活的学科。[1] 虽然商业领域很少提到这个词，它却是启发意会法的哲学基础。现象学研究的是我们在这个世界上所能感受到的一切，以及所有能为我们的人生带来意义的事物，比如揭开我们开车的体验或身为人母的感受。现象学可以被用来解释，当你看见一个可口可乐瓶时，心里究竟是迷惑、怀旧，还是嫌恶。对于一家制药企业而言，演绎推理可以告诉你 2010 年度有多少销售人员达成了季度指标；而现象学则可以帮你分析清楚，究竟什么样的销售人员才算是一个好销售。对于一家《财富》500 强咖啡企业来说，管理科学可以告诉你美国人每天大约要喝掉多少杯精品咖啡；现象学则可以帮你弄明白，享用真正的好咖啡究竟是一种什么样的体验。

属性与特性之异同

任何一种现象，旅行、运动、投资、娱乐、饮食，甚至信任，都可以通过两种不同的方式来进行分析，或者用硬科学上的“属性”数据，或者用现象学上的体验“特性”。如果说生物学意义上的性别（男性或女性）是一种属性的话，那么文化意义上的性别（男性气质或女性气质）则可被视作为一种特性。科学可以帮助我们界定某人究竟是男性还是女性，可是我们又该如何确定，男性气质或女性气质究竟是怎么一回事呢？身为一名男性或一名女性，究竟意味着什么呢？唯有研究这一现象，才能帮助我们对这个问题有所了解。

当我们开始谈论特性的时候，事物才会变得有意义。三种颜色的布缝到一块儿，就变成了一面美国国旗；一大堆金元素汇集成一整块金子，就变成了一枚结婚戒指。我们对世间之物的体验与我们在这些事物和活动上的投入有关。厨房、糖果、足球运动或者移动电话，这些东西究竟与我们有着怎样的关系呢？正因为存在着某种关系，正因为我们对于事物有某种方式、某种程度上的投入，才使得这些事物具有了意义。匆匆抓起一杯盛在聚苯乙烯泡沫塑料杯中的速溶咖啡一口气吞下，与悠闲地享用一杯由戴白手套的侍者端上的盛在精致瓷器中的咖啡，尽管这两杯咖啡的成分、焙制方式可能完全一样，但这两种体验却有着天壤之别。从属性上来看，两者毫无二致，但从特性上来看，却大相径庭。

假如你觉得刚才我们所说的这一切简直匪夷所思，认定这断无可能是科学——是啊，从对事物的“感觉”中怎么可能生出科学来呢？那么就请换个角度来思考这个问题。现象学所揭示的，并不是“某物”（比如一台车或者一家餐馆）的本质，而是我们与某物之间的“关系”。[2] 对我们来说，并非所有事物都是重要的，并且它们也不是在任何时刻都有意义。生活中，我们永远都处于与各种事物或这或那的关系之中，而现象学告诉我们的正是，哪些事物在什么时候最为重要。

另一个看待这个论点的角度，是透过基于属性的“准确性”和基于特性的“真实性”。[3] 假如你要苹果手机的智能语音助手 Siri 告诉你白洋葱和紫洋葱的区别，那么它会这样回答：“它们在热量上相差 6 卡路里。”这个回答毫无疑问当然是准确的，但它是否就包含了所有的真相呢？对于烹饪、园艺，甚或仅仅对去杂货铺购物这件事来说，这个回答究竟能提供什么真实的意义呢？

哦，对了，你或许会说：“Siri 不过是个计算机软件，我们可是聪明的人类，当然了解自己的顾客喜欢些什么啦，所以你刚才说的什么‘准确性’和‘真实性’的差别，对我们的市场分析或研发工作可派不上什么用场。”但你真的了解顾客喜欢什么吗？举个例子，饮料公司相信，消费者对某款饮料的喜爱程度与其甜度成正比。他们这样告诉我们：“当我们加入更多的糖时，人们就会更喜欢这款饮料。”而我们则这样回答：“是的，你们的判断是准确的，但事实‘真’就是那样吗？”人们当下总会说自己喜欢这个不喜欢那个，但他们与事物的深层关系又是怎样的呢？很多人也许真的很喜欢甜食，但与此同时，很可能出于某些文化上的原因，譬如担忧或反感，他们会拒绝甜食。只有在弄明白导致消费者某个具体行为的根本原因之后，你才能对问题有更为深入的了解，才能超越表面事实的准确性而达到深层体验的真实性。

熟悉性

想象某个普通的早晨：我们起床，吃早餐，开车或搭地铁去上班。这一切对于我们而言都熟悉得不能再熟悉了，似乎根本不值得再去深入研究。对于饥饿、堵车或者其他令人心烦的事情，我们自认为很了解，完全知道它们是怎么回事儿。但假如我们随便拿一件平凡的日常事务来仔细审视一番，就会发现一个令人惊讶的地下世界。

近百年以来，许多伟大的哲学家都致力于把我们的注意力引往这个世界中去。我们会使用“生活背景”或“熟悉感”这样的词汇，但“肌肉记忆”“常识”“自然行为”，甚至是“人干的事儿”之类，传达的都是同一个意思。这些词语所包含的基本概念就是，我们的大部分生活根本不是靠思考来驾驭的，而是受我们对这个世界的熟悉感所引导的。[4] 对于许多日常使用的事物，如一把菜刀、一台洗衣机或一架割草机，我们根本就不会在脑海中有意识地形成一个有关它们的“概念”。[5] 我们仅仅是“使用”它们罢了。而且，这些事物被使用得越频繁，就越无法引起我们的注意，就越退居生活背景的地位。不仅如此，由于我们使用起来越来越熟练，动作越来越流畅，以至于在大多数情况下，我们甚至连自己的行为也完全意识不到了。

本书第一部分试图阐明，建立在默认思维模式之上的商业文化无处不在，我们正身处其中。到处都充满了我们再熟悉不过的假设，以至于我们几乎忘了它们的存在。德国知名导演维姆·文德斯（Wim Wenders）就曾用这种熟悉感来命名他的一部电影：《咫尺天涯》（*In weiter Ferne, so nah!*）。正是这种“咫尺天涯”般的熟悉感构成了现象学，或我们在这个世界上所能体验到的一切。

以每个人都自认为熟悉的“金钱”概念为例，我们不用去考察金钱的属性（归根结底就是上面印有油墨的纤维素化合物），而是来想一想它的特性吧。钱是一种全球共享的代表价值的语言。绝大多数人都希望拥有更多的钱，而非更少的钱。很多人畏惧金钱，有些人则一想到钱就亢奋不已，而有些文化甚至不允许人们直截了当地谈论钱。在为客户设计银行账户时，银行通常会给有钱人提供更多服务和便利。在银行高级经理们看来，最重要的事莫过于使他们的顶级客户能够完全掌握自己账户的往来信息。可是，假如你非常仔细地研究过有钱人对自己的财富究竟抱有何种“感觉”，即他们是如何体验有钱和花钱这件事儿的，你就会发现，银行高级经理们的思维模式或许并不十分适合这些顶级客户的账户设计。说穿了，大多数有钱人并不想天天看到自己的钱。他们当然需要得到资产安全的保证，但他们可没有银行高级经理们那种天天数钱的癖好。鉴于此，假如银行高级经理们能够避免直接将自己的文化强加于客户头上，而是首先解构自己的文化，看出其中的矛盾和局限，并意识到客户亦各有各的文化，那么他们自然就会做得更好了。

现象学有句著名的口号叫“回到事物本身”[6]。这句话的意思是，无论你要研究的对象是一部文学作品也好，是死亡、家庭等概念也好，还是一辆车、一座医院这样的具体事物也好，都要把注意力放在研究对象本身上面，排除一切外加于其上的先入为主的观念、简单化的理论或旧信条。这可以说是深入了解那些既“近在咫尺”又“远在天涯”的事物的唯一方法。

对体验的研究从何入手

任何不事先设限的方法，譬如本书所介绍的意会法，基本上都是建立在对人的体验的研究之上的。这并非要求你必须对哪套哲学理论有所了解（有时候不了解哲学反而会更好），也不需要你背得出哪篇西方文明的经典篇章。相反，请把这个过程看成是一种 DIY 实践的哲学。就让我们从欣赏这个世界的复杂性和美开始吧。

尝试描绘你所体验到的事物，以及你是如何体验它们的。譬如，你究竟是如何经历从一无所知到做出决定这个过程的？老实讲，你今年的年度预算究竟是怎么做出来的？坦白说，你究竟是什么时候定下关于新品上市的那些数字的？如果我们猜得不错，这些决定并不是通过什么绝对理性的方式推出来的，而是或多或少出于你的直觉吧。

我们研究人类体验的第一步正是个人体验。请注意，重视个人体验并不意味着可以肆意发表意见或纸上谈兵。主观感受只是整个过程的第一步。我们依靠主观感受来思考如何获得最有用的数据信息，并据此发现在整个市场层面所出现的普遍模式。现象学所关心的不是特殊情况，而是发生在所有人（或大多数人）身上普遍情况。因此，现象学和统计学不同：现象学不需要计算确定性系数 R^2，也不需要采集庞大的样本数。**事实上，要研究一般人的体验，我们只需要对适当规模的人群以及他们所处的环境进行**

观察分析，就足以得出有用的信息了。搜集并搞清楚这些关于人的体验的信息，可以说是任何一家想要彻底了解人类共有的行为模式的公司所必须做的事情。

对于有关体验的研究，我们的建议是：走出办公室，丢开那些电子表单。不要闭门造车，不要纸上谈兵。只有剥去了空想理论的实际经验才能真正为你揭示丰富的、真实的人性。我们可以把对人的体验的研究过程大致分为 3 部分：

◎ 具备一双能够洞悉人世的慧眼，对人之所以为人意味着什么、宏观的人生意义何在等问题要有一套整体性的洞见；
◎ 了解人文科学诸理论及方法（如民族志研究等），能够对观察到的现象进行“深层描述”，并且能够理解何为“圈子”，何为双环学习模式；
◎ 掌握“溯因推理”的方法论。

关于人生体验的深刻见解

备受推崇的加拿大小说家艾丽丝·门罗（Alice Munro）是 2013 年度诺贝尔文学奖得主。在她出版了头几本书的那几年，开始陆续收到读者来信[7]。有些信寄自一些作家，他们在信中询问门罗有关她写作生活的具体情况，门罗后来称这些问题为“基本事实”的问题[8]。譬如，这些作家会问门罗，“用电脑写作有必要吗？”“请一位经纪人有必要吗？”“同其他作家交流有必要吗？”当然，这些作家实际上是想问门罗，她是怎样做到用语言捕捉生活实质的。究竟要怎样才能完整地描述出那些深入我们存在之根本的喜怒哀乐、悲欢离合以及更多难解的谜题呢？究竟要怎样描述

"生活"？

门罗或许确实回了信，她老老实实地用事实，或者我们所谓的属性来作答。她可能会告诉那些提问者，她具体是在什么时候（在做家务的间歇写作）、什么地方（白天在餐桌前写，晚上则在旧书桌前写）写作的，她究竟是用什么设备（通常是用一支钢笔）把随手涂鸦的只言片语最终呈现在纸上的。可是，这些细节问题，或者用我们的话来说，这些有关她日积月累的写作体验的"硬科学"数据，简直令她感到荒谬绝伦。

> 大家以为我是一个很有智慧的人，可以把生活各个方面安排、控制得很好，就好像我对电脑的使用和写作主题的取舍能做出明智的判断，就好像我能为自己精心规划职业道路，并且在这条路上不断取得进步。[9]

门罗从未在这些回信中真正给予提问者"实质性"的信息。不过，她在一部短篇小说中，借一位虚构的小说人物之口，谈到想要照实捕捉生活中的那些"事实"是多么徒劳：

> 我试图列出名单。主街上下所有店铺的名单，主人、家人的名单，墓地石碑上的名字和下面的刻字。……对这些任务的准确性的希望是疯狂的，令人心碎的。没有什么名单可以包括我想要的，因为我想要的是最后的每一件事情，每一层话语和思想，树皮或墙壁上的每一道光，每一种气味，坑洼，痛苦，裂缝，错觉，静止地聚拢在一起——灿烂，持久。[10]①

我们都知道生活有多错综复杂，充满着难以理解的事情，常常平淡无

① 译文段落引用自艾丽丝·门罗著，马永波，杨于军译:《女孩和女人们的生活》，译林出版社，2013 年版。

奇，偶尔却又闪现出超凡的微光。人类就是生活在这样的现实之中，它细腻而微妙，盘根错节、千头万绪，充满了门罗小说人物所说的“最后的每一件事情”。不妨尝试像门罗所描述的那样，为你在这个世界上所体验到的每一件事情列出个名单。去过伊拉克的美国老兵表示，当他们靠近那些诡雷时，就能够“感觉”出那里面有爆炸装置。有经验的消防队员凭直觉就能预感到脚下的地板何时会塌陷。乔治·索罗斯，金融投资和巨额融资领域名副其实的王者，每每背疼就知道市场又要出问题了。著名的舞蹈家及编舞大师特怀拉·萨普（Twyla Tharp）曾详细描述过，她门下的舞者罗丝·玛丽·赖特（Rose Marie Wright）如何给一群初学者上舞蹈课。[11] 在那节课上，赖特教了一支她自己在 30 多年前就会跳的舞蹈。萨普说：“如果让她不假思索地把这支舞从头到尾跳一遍，那么第一遍的时候，她每一步都能完全跳对，每一个动作都完全在拍子上。这就是所谓的肌肉记忆，无意识的，但精准无比。听上去有些吓人。可是，在跳第二遍的时候，或者当她试图一步一步、一个动作一个动作地向学员们说明时，她就不行了。她会迟疑，会停下来，老想着下一步该怎么做，拿不准自己肌肉的感觉，最后甚至完全想不起来接下去该怎么跳了。那是因为这一次她是在靠‘想’的了，在靠语言去理解原本以非语言的方式掌握的东西。其实她并不需要通过意识去唤醒自己对动作的记忆。”

生活的最美之处在于它蕴含着丰富的人生况味，而人生况味恰恰潜藏在如此这般的细节之中。日本一位著名的木工大师[12] 曾在一次课上对学生们说：“你们要去享受凿子，享受刨子，享受这种有生命的材质。你们必须训练自己，提升身体的敏感度，这是关键。做到了这一点之后，你们再去学习如何磨凿子，感受那种振动。凿木料的时候，你们能够感觉出不同的木料产生的阻力是不同的。”他解释，大约 1/3 的木工技术单单凭借脑力、通过阅读就可以学会，但剩下的那一大块则必须靠日复一日的重复练习才能掌握：手抚摸过木料的感觉，不同木料的气味，不同的刀头，甚至皮肤被割破时的疼痛感。

人们形容传奇小号演奏家迈尔斯·戴维斯（Miles Davis）在演绎经典音乐作品时，常常会说他不是照着乐谱在演奏，而是在吹“幽灵音符”，意思是他通过小号吹出的每一个音符听上去都有着极微妙的差别，而正是这种细腻的演绎折射出了音乐性和历史性的影响。戴维斯的拥趸、当代小号手特伦斯·布兰查德（Terence Blanchard）曾这样解释戴维斯的伟大之处：“有的时候，迈尔斯·戴维斯吹了一段很简单的乐段，却远比任何奇技淫巧更能优美高雅地表情达意。”[13] 戴维斯本人则说得更为直白：“别吹那些乐谱上已经有东西，要吹上面没有的东西。”[14]

正如20世纪诸多伟大的哲学家所声称的那样，假如你对生活的见解达不到这种深度和丰富度，达不到这种能够将知识内化于心的程度，你就永远别想真正了解人们的行为。我们主张的方法与现行商业文化的主流方法，即默认思维模式截然相反。假如要用一场哲学层面的生死对决来说明我们的意思，那么我们会说，这是一场笛卡尔与海德格尔之间的决斗——前者是理性思维之父，代表了“超然”于世界万物之上的大脑；后者则认为人唯有全然“融于”世界万物之中时，才成为完整的人。

人们所做出的决定，并不是每一个都经过了理性深思。人们会买完全不需要的东西，会做纯粹是浪费时间的事情，有时候甚至会把某个突发奇想的怪念头看得极其郑重。这就是为什么，在纯理性的世界里，诸如宗教、魔法、爱情、音乐、艺术、美、文学以及国家公园，等等，都毫无意义。过去一千年来，理性思维与现实生活之间的这种极端割裂，导致了哲学家们对人类进行了一系列莫名其妙的二元分割：肉体与灵魂，主体与客体，理智与情感。

要想弄明白这种二元对立，就必须一路追溯到柏拉图[15]以及他对于理论和数学的浓厚兴趣。柏拉图的整套哲学体系都建立在“理型”概念的基础之上，他认为世界上的一切（包括人类），唯有在普遍的、无个别例外的情况下才是完美的。譬如，在田野中奔跑的具体的马，不如作为概念的“马的理型”来得完美；桌上的一只具体的花瓶，不如作为概念的“花瓶的理型”来得完美。柏拉图的哲学导致了一套现代社会时刻奉行的原则，即人之所以为人，归根结底在于人会“思考”；我们通过理性思维追求完美；完美的理论要比分散在周围的具体事物更好；作为主体，我们赋予世界上的客体以意义。根据柏拉图的想象，人类的脑海中先天就存在着一张有关世界万物的完美“理型”地图，而我们正是依据这张地图来理解现实世界中所见到的具体事物的。

笛卡尔将柏拉图的这种对人的想象以一种极具震撼力的语言描述出来：人类的大脑可以飘浮于现实世界之外。他将人类想象成是透过一扇理型之窗在看世界，而非真正身处其中。[16]在笛卡尔看来，人类应该是能做出理性决策的自主个体。笛卡尔相信，我们完全知道自己大脑里在想些什么，因此完全清楚自己想要的是什么。按照这个逻辑往下推，我们就不应该考虑什么传统、心境或情感了，而是应该始终以一种冷静甚至冷漠的态度去看待世界，并且与一切事物都保持距离。

关于人类体验的看法，我们之前就说过我们支持一种与传统商业观念相左的观点，即一种基于现象学的观点。这种观点的代表人物正是海德格尔。在1927年出版的具有划时代意义的哲学巨著《存在与时间》一书中，海德格尔提出，我们存在的本质并不在于超然于具体情境的思考，而在于他所谓的“此在”，即融于世界之中的、“此时此地的存在”，再通俗一点说，就是当我们浑然忘我地醉心于得心应手的活动之中的时候。当然，海德格尔的意思并不是说我们从来都不思考。事实上，他是率先认同“科学的诞生源自于人类具有思考能力”这个观点的哲学家。但他同时也指出，大多数人是全然融于日常生活之中的，而在这样的时刻，他们并不需要思考。比方说，当一名训练有素的糕点师傅在做蛋奶酥的时候，他不会动脑子一步一步回忆该怎么用搅拌器打奶油，又该怎么装碗，他会深深地融于此时此刻之中，浑然忘我地工作。在海德格尔看来，与其说人类是“能思之物”,不如说是“此在之人”。[17] 他拆解了已延续两千年之久的西方哲学传统，超越了理性与非理性、主体与客体的二元抽象对立。根据海德格尔的新哲学传统，假如我们要检视诸如爱、信赖、恨以及美等现象，就应该透过我们在日常生活中对这些现象的体验。

人文科学理论及工具

在人文科学领域，用来识别和描述全人类共通的体验的工具可谓不胜枚举。接下来，就让我们来看看几种最为重要的，同时也是最能为商业领域所用的工具。通过这些工具，我们不仅可以了解自己的顾客，还能对更广大的潜在市场有所认识。

| 民族志研究

首先，让我们来看一份人类学家布鲁诺 · 拉图尔（Bruno Latour）的民族志。[18] 这是一份按时间顺序记录的关于当代美国职场的描述：

05 分。约翰走进来径直进了自己的办公室。他语速非常快地说自己犯了一个严重的错误。他已经将某篇论文的评论发出去了……其余的话听不清楚。

05 分 30 秒。芭芭拉走进来问斯潘塞，管柱中该注入哪种溶剂。斯潘塞在自己的办公室里做了回答。芭芭拉离开，并走到工作台去。

05 分 35 秒。珍妮走进来问斯潘塞："你在准备静脉注射吗啡的时候，用的是盐水还是淡水？"斯潘塞显然正在座位上写东西，于是从办公室里回答。珍妮离开。

06 分 15 秒。威尔逊走进来，他一间一间办公室召唤大伙去开员工会议。办公室里的人只是敷衍地答应他马上就去。他说："事出紧急，有一笔 30 000 元的买卖，必须得在两分钟之内解决，最多不超过两分钟。"说完，他离开，前往大厅。

06 分 20 秒。比尔从化学部那边走过来，他交给斯潘塞一支小玻璃瓶，说："这是你要的 200 微克，记得把代码填在本子上。"说着他指了指那张标签，走了出去。

长时间的安静。图书室里空无一人。有几个人在自己的办公室里写东西，另有几个人在靠窗的长排工作台那儿工作，那边光线很亮。可以听见从大厅处传来的断断续续的打字声。

09 分。朱利叶斯一边啃着苹果一边走进来找某期《自然》杂志。

09 分 10 秒。朱莉从化学部那边走过来，坐在办公桌前，打开随身带过来的一叠表格开始填表。斯潘塞从他的办公室里出来，目光越过朱莉的肩膀瞧了两眼，说："不错嘛。"接着，他拿了几张草稿走进了约翰的办公室。

09 分 20 秒。秘书从大厅过来，把一叠新打出来的草稿放在了约翰的桌子上。她和约翰简短地聊了两句关于截止日期的事情。

09 分 30 秒。秘书前脚刚走，库存助理罗丝后脚就来了，她告诉约翰他要买的一台设备要 300 元。他们在约翰的办公室里说笑了一会儿。罗丝走了。

又是一阵安静。

10 分。约翰在他的办公室里尖叫起来："喂，斯潘塞，你知道哪个临床组报告过肿瘤细胞出现 SS 的情况吗？"斯潘塞从他的办公室嚷嚷着回道："我在阿西洛马会议（Asilomar conference）的摘要中读到过，他们是把它当做已知事实来写的。"约翰又问："证据呢？"斯潘塞说："呃，他们发现……有所增加，认为是由于 SS 的原因。我不确定是不是直接对生物活性进行过测试。我不确定。"约翰说："要不你在下星期一生物测定的时候试一试呗？"

10 分 55 秒。比尔和玛丽忽然走了进来。他们正聊什么话题聊到最后。比尔说："我不相信这篇论文。"玛丽说："是啊，写得简直糟透了。你瞧着吧，铁定是哪个医学博士写的。"他们不约而同看了眼斯潘塞，继而大笑起来。

不预先设置一个模型，而是直接记录观察所得，对于我们来说无疑是一种心理上的挑战。在阅读以上记录的时候，我们会在心里不停地发问：这帮人到底是些什么怪人？他们是怎么沟通交流的？他们说的都是些什么鬼话？最终，因为没能获得更多的上下文信息，我们变得内心焦躁、坐立不安起来。"必须得搞明白这究竟是怎么回事！"我们心里有个声音在咆哮。我们中的绝大多数人都渴望能够释疑解惑，重新获得一种确定感。对于不确定的事情，非得要弄个水落石出才能安心。"他们是群生意人！""不对不对，应该是大学教授。""啊！我知道了！他们是实验室研究员！"

所谓民族志研究，就是这样一个观察、记录，然后对行为进行分析的过程。民族志是人文科学领域最主要的数据采集方法之一。从人类学、社会学，到历史学和哲学，凡是需要对现象进行分析的地方，民族志都是一件不可或缺的工具。民族志的雏形最早出现于 19 世纪。当时，欧洲社会涌现出一大批致力于研究社会的思想家，诸如马克思和涂尔干等。然而，早期民族志方法的使用并无一定之规，记者、传教士、探险家在记录所见所闻的时候都各有各的做法。直到 1922 年，波兰人类学家布罗尼斯拉夫 · 卡斯珀 · 马林诺夫斯基（Bronisfaw Kasper Malinowski）在他的田野调查成果中成功建构起了“参与式观察”的方法，才标志着民族志正式成为一项专业技术。

马林诺夫斯基被公认为人类学历史上最杰出的人类学家，他的大部分研究成果主要来自他在巴布亚新几内亚进行的田野调查。当时恰逢第一次世界大战爆发，由于南太平洋地区当时处于大英帝国的掌控之下，而马林诺夫斯基偏偏是来自奥匈帝国的波兰人。这导致他无法从巴布亚新几内亚返回故土欧洲，而被困于特罗布里恩群岛（Trobriand Islands）。在这段流亡的日子里，马林诺夫斯基作为一名参与式观察者与进行库拉（Kula）交换[①]的部落共同生活，并最终将他的研究所得汇集成了一本民族志杰作：《西太平洋上的航海者》（*Argonauts of the Western Pacific*）。在这本书中，马林诺夫斯基将观察与描述土著行为的人类学家定义为科学分析者，并将之与一般的叙述者区别开来。他这样写道：“民族志研究者的任务是把所有观察到的细节加以整合，把所有相关的不同现象加以社会学的综合分

① 库拉是当地不同部落的土著居民之间存在的一种物品贸易交换方式。存在库拉交换关系的土著被称为库拉伙伴。库拉交换具体表现为：某人用贝壳臂镯从其上游的库拉伙伴处换得贝壳项圈，再用这个换来的贝壳项圈与其下游的库拉伙伴交换贝壳臂镯。臂镯与项圈按照相反的方向流动。两两之间的库拉交换关系延伸并联系起附近各个岛屿的土著，形成库拉圈。——译者注

析。……民族志研究者要能把握全局，对整个的大制度进行描绘，一如物理学家从他的实验数据中构建理论一样。其实，普通人也能够接触到这些数据，但要形成理论，则必须对其加以一致性的诠释。”[19]

参与式观察的第一步是要对研究对象做描述性观察，接下来则要对观察结果进行分析性诠释，在这个过程中需要根据专业知识做出一定的猜测。借助于参与式观察等方法，民族志成了一种激进且开放的研究异文化的手段。它的关键在于研究者自身需要融入被观察的对象中，而非一门心思只想着去证实或证伪某个预先设立的假设。基于这种对研究者本身融入的要求，民族志方法与其他帮助企业了解人类体验的研究方式截然不同，譬如那种让受访者坐在桌前填写调查问卷，或进行焦点小组讨论的市场调研。尽管传统的市场调研形式也可以对商业策略的制定起到不小的作用，但市场调研依然不能与民族志相提并论，通过市场调研得出的结果也远不及通过民族志得出的结论来得丰富和通透。在接下来的两章，我们将会谈到乐高公司和康乐保公司。这两家企业以前都曾做过大量的市场调研，但最终都采用了意会法和民族志法，来作为采集数据的主要途径。

和了解其他人文科学一样，了解民族志必须结合背景环境。比方说，你的生意要求你对不断扩大的中国中产阶层有更深入的了解。那么，假如你去参考“属性”，就会发现：未来十年，向上层社会流动的机会将使得上亿家庭脱贫致富。可是，单纯的数字又怎能解释清楚个体对于向上层社会流动的体验呢？让你收拾起全部家当、离开乡村、搬到城里去生活，这究竟是一种怎样的体验？你要如何安顿下来？哪些方面是最重要的？你是会对新生活感到迷茫，还是兴奋不已，或者兼而有之？对于这种翻天覆地的社会大变革，民族志的视角能够为其提供“特性”，也就是关于体验的信息。只需要阅读一份记录一名民族志研究者与一名中国中产阶层男性之间亲密互动的访谈，就能洞见这个现象背后的诸多深层含义，这远非分析堆积如山的消费者数据报告所能及。

田野调查笔记：什么才算是民族志式的洞见[20]

我们 ReD 咨询公司的一名调研人员埃利奥特·萨兰迪·布朗（Eliot Salandy Brown）曾进行过一次这方面的民族志研究。他的研究为西方人士初步了解中国家庭的日常生活提供了参考。以下内容摘自他的这项研究：

> 当我第四次试图搞清楚，包伟认为究竟是什么正在撕裂他周遭的生活环境时，我意识到这样下去，恐怕我永远也无法得到答案。起码我现在的这种问法行不通。其实，这次的民族志研究头开得还算不错。脱鞋进屋后，我奉上一小盒丹麦曲奇作为见面礼。包伟很热情地将我迎入他家那间基本上没怎么装修过的客厅。几分钟之后，他已经在那儿一边啜饮着浓酽的土红色普洱茶，一边用他那炯炯有神的双眼看看我，又看看他的妻子，眉飞色舞地对我讲述起他升任总工程师那天的情形。当时他在距福州以西20公里处的一座小型煤矿上工作。
>
> “单位领导之所以升我不升别人，就是看中了我严格遵守纪律这一点，”包伟解释，“我非常守规矩，单位领导看得清楚，他们觉得我这个人稳重，靠得住。”他的妻子在他身旁认同地点点头。
>
> 我们现在身处的这套住房，正是30年前包伟升职那天单位分配给他的。这套住房建于20世纪70年代初，与附近的另外250来套住房几乎长得一模一样。透过晾晒在他家阳台上的衣物，我可以瞥见和包伟差不多年纪的男人正坐在布满灰尘的天井里搓

麻将。塑料麻将牌发出“哗啦哗啦”的声音，在秋日凝滞的空气里蔓延开来。

包伟告诉我：“能够住在这里，是一件很值得骄傲的事情，因为这表示你获得了政府的认可。这是一种荣誉，可以这么说。”一个小时之前，当我沿着昏暗的楼梯走上来的时候，看着四周斑驳褪色的水泥墙面和地板，还有头顶上坏了的电灯，我可是怎么猜都猜不到这个地方还能和什么象征性价值扯上关系。但是现在回想起来，我发现并不是因为这栋建筑的现状让我认为这个地方只是再普通不过的住宅，而是因为它与周围社区环境所形成的鲜明对比让我有这种感觉。包伟家所在的这片住宅群，如今就好像是一颗孤孤单单的灰色卵石，混在一池亮闪闪的蓝色水晶之中。这些年，由于台商的大量注资，包伟家附近早已是成群的商品房、悬挂着霓虹灯招牌的餐馆、各种高档品牌的 4S 店，以及各种手机店，等等。这些新事物大批涌入旧的居民社区，同时也培养出了新一代的中国消费者。他们不再只购买生活必需品，还养成了闲暇消费的习惯。他们爱上了从西方舶来的咖啡，不认为洋咖啡比中国茶逊色。

那么接下来，我就想搞清楚，包伟究竟是如何看待这种改变的。他会认为这是一种进步呢，还是一种对传统的破坏？他与年轻一代甚至几代人之间有着什么样的共同点？在他看来，福州究竟是在全盘西化呢，还是在走一条全新的具有中国特色的路子？所有这一切又会使他对于中国未来的走向做出怎样的猜想呢？

结果是一无所获。我 4 次尝试与包伟沟通，想知道他对于这个现象的主观看法，最终却只得到了 4 页客观统计数据。包伟充分调动了他关于人口增长、城市人口迁移率、投资来源以及银行贷款利率等数据的知识储备，小心翼翼地避免向我透露一丁点儿他个人的主观感受。一次次的挫折令我不禁胆寒。要知道，我拿了客户的钱可是来搞清楚人们的感受、恐惧、悔恨、想往和渴望的，现在却眼看着自己只能带回去一堆没用的数据了。

正当我幻想着自己一无所获地回到老板们面前，唯一拿得出手的就只有被访对象的饮茶习惯（永远只喝普洱茶）时，包伟好像是察觉出了我内心的惶惧一般，竟然开口提议道："要不，我们去参观一下我的新房子？"

5 分钟后，他骑上一辆小电瓶车，载着我在车流中沉着自信地左冲右突，显然很享受福州变幻莫测的交通所带来的挑战。10 分钟后，我们来到了一栋高耸入云的楼宇前。我下了车，把脑袋后仰到不能再仰的地步，欣赏眼前这栋辉煌的 49 层高楼直入灰色天际。

"这是我和我儿子一起出钱买的。我儿媳妇就要生第一胎了，将来他们就住这里。来来来，跟我上去参观参观啦。"一进到空空如也的毛坯房里，先前政府分配的公寓房里那个"稳重"、寡言的男人立即消失不见了。包伟窜来窜去，兴高采烈地向我解释将来洗碗机放在哪里，洗衣机又放在哪里，还有微波炉、电视机……他还向我展示了他刚做了一半的装修设计方案，譬如玻璃和不锈钢风格的厨房，嵌入式灯具，以及他最引以为傲的干湿分离淋浴间。随后，我跟着包伟来到阳台上，俯瞰着成片的新楼盘，那里面有成千上万户中国家庭正和包伟一样，构建着他们的中国梦。终于，包伟对我敞开了心扉。

"站在这里，我常常情不自禁地想到中国这些年的发展变化。我会想象我孙子将来的生活会是怎样的，然后和我自己的生活做一番比较。当然啦，生活嘛，总是越变越好的。但是，现在的年轻人和我们这一代人还是很不一样，他们身上有一股我们当年没有的朝气。就好像他们的内心燃烧着一颗火种，而我们那代人年轻的时候不得不把这火种熄灭掉，后来就再也没有勇气再把它点燃了。”

于是我趁热打铁，继续问他，他所说的过去的苦难生活究竟指什么。包伟久久地凝视着窗外的景象，终于开口道：“我们那个时候管得严，年轻人的出路很有限。我儿子现在觉得他想干什么就能干什么，无论是事业上还是个人生活方面，而在我看来，能够做到这一点就已经是很幸运的事了。”

包伟告诉我，他觉得中国模式并不总是最好的，汲取其他国家的合理做法和成功经验也是很有好处的。他说他很想出国走走，看看世界，尤其想去意大利瞧一瞧。他还说，也许哪天他家的老公寓就要被拆掉了，那些成天搓麻将的男人也再也见不到啦，而如果这一切都发生了，倒也并不见得是多大的遗憾。

就这样，我们在包伟新家的阳台上足足谈了三个小时才离开。走出包伟的新房子时，我忽然意识到，究竟是什么使这个安静的男人开始对我掏心窝子，说出他的真实想法和感受。答案很简单：因为我们身处的情境发生了变化，很显然，新的环境使包伟感觉他可以对我开诚布公了。之前，我们坐在政府分配给他的房子里，身边坐着他忠实的妻子，就连屋子里的各种摆设也不时在提醒着他年轻时所获得的荣誉。在这样一种环境里，包伟完全不会想到要去表达自己的真情实感。因为那么做的话，他的妻子会觉得他丢了她的脸面，而他也会因为自己在话语里间接地贬低了与他比邻而居几十年的街坊感到内心不安，好像他这个人不知感恩似的。要是换成是个中国客人，听到他说那样的话，一定会感到浑身不自在的。

对包伟的采访让我学到宝贵的一课。从此以后，我在和中国采访对象打交道的时候，总会把他们带到不同的情境中去，以便他们能展露出性格中的不同方面，也好让我考察到他们看问题的不同角度。我非常感谢包伟教给了我这一课，为了报答他给我带来的启发，我决定邀请他共进晚餐。

“你想去哪里吃？”我问他，“你家公交车站旁边不是有家很有名的中餐馆吗？”

“不不不，不去那家，”他说，“你看到街角的那家馆子了吗？他家的芝士汉堡和炸薯条做得全福州第一嘞！”

深层描述

从调研人员对包伟所进行的民族志观察中，我们可以看到美国人类学家克利福德·格尔茨（Clifford Geertz）所提出的著名概念：“深层描述”[21]。格尔茨学术生涯的大部分时间，都在研究人类的某些具有复杂且微妙的文化内涵的动作，正是这其中的“深度”增加了人生的厚度。以眨眼睛这个动作为例。如果交给计算机，它会告诉我们：这是一种眼部的抽搐动作，每次大约持续一毫秒。可是地球人都知道，眨眼睛的含义可远不止眼部抽搐那么简单。这个小小的动作具有极其丰富的意味，既可以暗示对方“让我们赶紧闪人吧”，又可以含蓄地表达内心独白“你可真是个白痴”，再或者是提醒对方“嘿，我这是在开玩笑呢”，以及其他难以言传的意思。

为了更好地说明“深层描述”对于深入理解一切人类行为而言有多重要，我们用大家都耳熟能详的阿黛尔的歌曲来详细说明。接下来就让我们做这样一道思维练习题，从中我们可以看出对阿黛尔的“深层”思考和“浅层”思考究竟有些什么区别。[22]

在 2012 年的格莱美颁奖礼上，英国歌手阿黛尔凭借全球大卖的专辑

《21》将 6 项格莱美大奖收入囊中。可以说，音乐界对于阿黛尔的狂热崇拜与她独特的音乐创作才华是分不开的。阿黛尔所创作的音乐作品让人感觉很真实，很个人化，很贴近听众，而且还很有个性。她的歌曲非常容易引发听众的情感共鸣，仿佛她唱出了我们自己的心声。就连美国综艺节目《周六夜现场》（*Saturday Night Live*）[23] 都制作了一出短剧，剧中的一位办公室职员为了能痛痛快快地哭上一场，特地放起了阿黛尔的 *Someone Like You*。结果，整个办公室的同事都聚拢到她身边，来了场抽噎大合唱。

针对这个现象，《华尔街日报》刊登的一篇文章中提出了这样一个问题："阿黛尔的音乐作品为何如此催人泪下？"为了回答这个问题，作者列举了一大堆关于音乐是如何引发听者情感共鸣的实证研究数据，以生理指标变化作为测量指标，比如心率曲线出现尖峰，身上起鸡皮疙瘩，出汗，等等。后来，《华尔街日报》发表了他们得到的结果：

> 那些会使人颤栗的音乐作品……至少有 4 个共同点：首先，它们都有一个很柔和的开头，然后猛地一下子变得高亢起来；其次，它们都包含了一个新"声音"的突然介入，或者是一款新的乐器，或者是运用一种新的和弦；再次，它们常会对主要的乐句进行一定的扩展，例如，在莫扎特的《第 23 号钢琴协奏曲》（作品号 K488）的第三乐章开头部分，小提琴跟在钢琴后面以高一个八度再现了旋律主题；最后，这些乐曲都会在旋律或和声处理上做出某些出人意料的变化。简而言之，当音乐作品在音量、音色以及和声上出现变化时，最能使听者感到兴奋。[24]

诚然，上述分析背后有着更为复杂和微妙的神经科学基础，但是用这样的方式来呈现音乐对于人类情感的重要影响，难免显得苍白无力，就好像是硬生生把一件妙不可言的事物给拆解成了干巴巴的乐理技巧运用。不仅如此，这种做法还忽略了非常重要的一个问题：什么样的音乐作品能够引发听者的共鸣，以及作为听者的我们会以何种方式做出情感反应，在某种程度上还取决于我们的文化背景。这是因为，不同的文化背景会导致个体与自身情感的不同关系。文化背景影响了我们如何看待各种情感，以及如何体验它们。换句话说，一首歌之所以能够引发听者的情感共鸣，与时间和空间也是密不可分的。

在当今这个消费社会中，运用各种乐理技巧而引发的情感共鸣也成了一种消费品，就好像我们日常消费的其他商品一样。比方说，当我们感到忧伤时应该特意去听阿黛尔的歌，就好像当我们觉得该犒赏自己一下的时候便去美美地吃一顿。于是，情感与文化产品之间的关系就这样被商品化了。

可以说，正因为我们是在这种文化产业所营造的环境中成长起来的，所以我们才会知道，当我们感到忧伤的时候，该去听阿黛尔的歌。因此，这种情感与流行文化作品之间的关系，即消费者认知和体验流行文化作品的方式，不能不说是当代文化产业独有的产物。当然，我们这样来分析这个问题，并不是说大家不该被阿黛尔的歌曲打动，或者否定这种情感共鸣的意义。我们想要说的是，起鸡皮疙瘩这种生理反应背后的情感起伏也有不同文化之别，听了阿黛尔的歌曲起鸡皮疙瘩的当代人，与听到巴赫著名的《恰空舞曲》而起鸡皮疙瘩的巴洛克时期的听众，是由两套完全不同的文化背景所培养出来的。

说了那么多，企业究竟能从中学到些什么呢？尽管自然科学能够非常科学地测量出我们的心率或身上起的鸡皮疙瘩，但是这些测量工具所能提供的只是属性这类浅层描述，而无法深入特性层面。真实生活中，可以使人们起鸡皮疙瘩的情境数不胜数，每一种都有着更为深刻的含义。

对圈子的理解

想要准确地把握深层描述的方法，就必须检视研究对象所处的背景环境是如何构建起来的。这是一个由不同的圈子所组成的庞大系统。在我们的日常生活中，究竟是怎样一双隐形的手在支配着我们的行为，并且支撑起我们的信仰？我们曾在第 1 章介绍皮埃尔 · 布尔迪厄的“惯习”概念时提到过这个观点。现在，就让我们通过人文科学的工具来进行一番更加深入的考察吧。

我们平时聊天时，有时会使用诸如“商业圈子”“戏剧圈子”或者“高级金融圈子”等字眼，这些名词所指代的是由一系列专业知识、技能、实践和术语所联结构成的一个系统，亦即我们所说的“圈子”。假如你想在戏剧圈子里混，那么就最好能够找到构成这个圈子所必需的售票、舞台、剧评家和演员等知识。反之，如果你事先对戏剧圈子的构成要素一无所知，就别指望自己能成为一名剧作家了。假如一名政治家对政治圈子的规则一窍不通的话，那么他很快就会被贴上“政治白痴”的标签。至于在玩飞蝇钓鱼的小圈子里，只有内行才会知道“大满贯”是什么意思，或者在飞蝇钓鱼的过程中什么时候必须保持安静，以及如何根据不同情况给向导支付小费。也只有爵士乐迷才知道欣赏演出时何时该鼓掌，在爵士酒吧里该点什么酒。就这样，我们每个人都能找出几个能将自己容纳其中的圈子。而每个圈子又都有着自己的运行逻辑，也都会建立起一套自己的规矩来。当一名外来者，譬如民族志研究者突然闯入某个圈子的时候，他就有机会从陌生的事物中发现似曾相识的情况，也同样有可能会从熟悉的事物中洞见不一样的地方。

作为一种社会化的动物，我们很快就能学会自己所处圈子的规矩。而且，任何一个圈子的成员都必须要尽快适应这套规矩，就像在音乐会开始之前，每个管弦乐队的成员都得把各自的乐器调好音一样。这就是我们所说的“调和”[25]，即个人调节自身以与所处的圈子合拍，习得圈子的规矩。这是一项非常重要的社会技能，其实我们每个人都或多或少会一点儿。而唯有熟练地掌握这项技能，才能在不同的圈子之间自由切换，游刃有余。也许大家都有过或者听说过这样的经验，一个心情糟透了的家伙跑去参加派对，结果被派对的欢快气氛所感染，于是坏情绪很快消失殆尽，也跟着快乐起来，最终融入派对的愉悦氛围中。

想要了解各式各样的圈子，就必须先对一些基本的社会规范有所了解。这里的社会规范指的是我们所有人，或者起码是大多数人在不知不觉间就会一直遵守的习俗和常规做法。我们很可能完全意识不到它们的存在，但实际上它们无处不在。每天，我们都遵守着大量这样不成文的规矩。通过现象学，我们可以考察所有这些规矩。打个比方，假如一个美国碳酸饮料品牌想把生意做到中国去，那么对于这家企业来说，了解中国人在什么场合会喝碳酸饮料就至关重要。一家伏特加酒厂则需要了解消费者在鸡尾酒文化下的调酒习惯。对于一家汽车企业来说，只需要搞清楚消费者的购车过程，就可以避免许多不必要的错误决策。运动鞋企业的高管之所以会纠结“瑜伽算不算一项运动”，很大程度上是由体育用品行业的社会规范所造成的。因为行业规范告诉他们：除非是为了竞争，否则谁还会去做运动。正是由于这家企业的文化太过执着于符合行业规范，那群高管们才会认为，一种不同于行业规范的文化几乎是无法想象的事情。

我们举了那么多例子，只是想强调这样一个事实，那就是无论我们自己怎么认为，实际上我们并不是完全独立的个体。我们每一个人无时无刻不身处在某种背景环境之中。因此，要想真正了解人们的行为，就必须对他们所处的背景环境也有所了解。换句话说，我们要用联系的观点，而非孤立的观点去看问题。而一旦我们意识到背景环境的重要性，就再也不会轻易将我们的研究对象，无论是人还是物，从他们置身的情境中给剥离出来了。

再举一个例子。在 1981 年上映的由加美 · 尤伊斯（Jamie Uys）执导的喜剧电影《上帝也疯狂》（*The Gods Must Be Crazy*）的开头，一只可乐瓶从天而降，掉在了卡拉哈里沙漠中布西曼族世代生活的地方。在布西曼族人的眼中，这个神奇的可乐瓶，毫无疑问，是天上的神灵给他们送来的礼物！接下来，族人开始努力寻找它的最佳用途。它是一个武器吗？是一个储物罐？还是件装饰品？尽管族人争抢着要占有可乐瓶，但直到影片结束，可乐瓶的光环依然没有消失，它的真实用途始终没有被揭露。可以说，尽管可乐瓶贯穿了整部影片的始终，但它始终没有被赋予作为可乐瓶的存在意义。

我们与可乐瓶之间，当然有着和布西曼人截然不同的关系。无论是看着可乐瓶的造型而联想到女性的身体曲线，还是品尝着瓶子里可乐的滋味而回想起我们的童年，可乐对于我们而言都远不止是一件客观的物品那么简单。正如上文所提到的，可乐瓶的意义体现在它与我们所处的各种圈子的关联上。我们把这种意义的关联称为“意义链”。推而广之，我们身边的一切事物都可以被视为某种工具，而所有这些工具又都能发展出自己的一条意义链。在表达这些工具的意义时，我们常常会使用“为了……”这个状语。[26] 比方说，锤子之所以成为锤子，仅仅在于它是为了能搭起一个门框，而门框是为了建一处居所，居所又是为了营造一个家，而家则是为了给家的主人带来安全感。又或者，我喝可乐是为了能保持清醒，保持清醒是为了能多干活，多干活是为了能获得成功，获得成功是为了能受人爱戴。如此这般。

由于我们对世界的了解完全依赖于背景环境，因此只有当我们失去某种工具的时候，才能真正明白这种工具的意义，无论这种工具是手机、咖啡，抑或是我们的座驾。比方说，只有当哪天我们突然上不了网的时候，才会意识到互联网有多重要；或者哪天谁拿走了我们的手机，我们才体会到手机对我们的意义。当事物从它们的意义链中断裂开来的时候，它们在平日里不为我们所了解甚至关注的意义就会立刻显现出来。可以说，唯有通过这种断裂，我们才能真正理解身处的世界。

双环学习

研究人类和研究自然界中的事物（譬如一片树叶）的最大区别在于，事物是没有自我意识的。当你填写市场调研问卷的时候（比如回答对啤酒品牌的喜好），你会如实回答的程度有多高？你会想要通过你的回答给调研人员留下某种印象吗？或者你会根据自己认为合适的方式来回答问题，而不是如实填写上那些被你判定为不太恰当却是真实的答案？再退一步说，你是不是压根儿就对自己所给出的答案没什么把握？除此之外，当然还有正在观察着你的调研人员所带来的压力，无论那个人是来收你的问卷，还是在向你提问，甚或与你隔桌相对而坐。那个人无可避免地会透过他的心智模型来审视你的行为。

即便是像人类学家这样的专业人文社会科学家，也一样遵循着一套不成文的规矩行事。正因为如此，他们必须时刻保持警惕，尽力克服自己的文化偏见，而这正是民族志研究最大的挑战。因为主观和客观之间并非泾渭分明，所以自然也就不存在什么绝对的客观事实。因此，民族志研究者必须在分析研究对象的各条假设的同时，时刻留心观察他自身的假设。这就是我们所说的“双环学习”。警惕自身的假设这一现象正是所有社会科学家都需要努力克服的困难。

在自然科学领域，无论是研究量子力学中的夸克理论还是测量天体力学中的星体体积，科学家可以对研究对象进行纯客观的观察，可是人文科学却要求研究者必须提出自己的观点。让一个人去观察另一些人的行为，那么他绝不可能凭空就生出任何观点来。因此，认识到并且评估观察者自身存在的偏见是极有必要的。要做到这一点当然不容易，但除此之外有什么其他办法呢？在之前的章节中我们已经看到，**放弃对现象做出阐释，转而选择只看信息量单一的数据，即我们所谓的属性数据，势必会导致我们错失生活中 99% 的真实**。

最杰出的人文科学家一定会像研究其他文化那样，去试图了解本文化的价值取向和偏见。他们会发挥理性分析和审美情感，全面审视本文化，套用马林诺夫斯基的话来说，努力“构建”起一套宏观见解。而最终，溯因推理的方法论将会把我们带到意会的那一刻。

溯因推理

我们如何发现真相？如何观察真相？哪些因素会改变我们观察事物的方式，或者致使我们产生偏见？究竟是预先有了一套想法再付诸行动比较好呢，还是应该从一张白纸开始，看看研究工作会把我们带到哪里？在哪些情况下适合预先设定一个假设，然后去验证它？在哪些情况下最好不要有任何先入为主的观念？这些都是由同一个核心问题所引发的不同意见。而这个核心问题就是关于科学方法的问题，科学界已为此争论了一个世纪之久。19 世纪末，美国哲学家兼逻辑学家查尔斯·桑德斯·皮尔士（Charles Sanders Peirce）[27] 因为定义出演绎、归纳、溯因这三种推理逻辑而闻名于世，这每种推理逻辑分别适用于解决确定性程度不同的问题。

皮尔士声称，唯有溯因推理①，才能产生出新的想法。这是为什么呢？就让我们逐个儿来看一下这三种逻辑的推理过程吧。演绎推理将前提假设视为一条公理或定理，然后从前提假设出发推理出具体的结论。整个过程中不允许加入新的信息。归纳推理则正相反，是从具体现象中提炼、归结出一条普遍规律或一种模式。皮尔士指出，归纳推理的问题在于，这样的分析是永无止境的，因为我们总能找出新的、需要被归纳进去的因素。正如我们在第 1 章中所提到过的，假如你在解决问题时诉诸归纳推理，就势必会将自己限制在某一套根据已有信息被归纳出来的假设之中。对于那类已知条件、未知条件清晰明确的问题，这套假设往往非常适用；可是一旦碰到涉及文化和人类行为的问题时，它就完全帮不上忙了。至于溯因推理，则是一个从观察现象开始，逐步推理出可能的假设的过程。1903 年，皮尔士应邀赴哈佛大学作“实用主义系列讲座”。期间谈及溯因推理时，他说溯因推理既是三种推理中最具说服力的，但同时也是最为困难的。皮尔士说：“溯因推理带来的启发让我们感觉恍如灵光乍现，但它并不能给每个人都带来灵光。这是一种洞察行为，尽管这种洞察极有可能出错。”[28]

① 溯因推理是一种基于最佳已知事实、使用非线性的问题解决方法形成并评估假设，从而得出最佳解释的推理方法。意会法即为溯因推理在解决问题方面的实际应用。

有的人也许会说，溯因推理最终得出的假设其实早就在我脑子里了！然而这么说并不准确。那个假设的各个组成部分固然可能早就东一块、西一块地存在于你的脑子里了，但关键在于，不经由溯因推理，你根本就不会想到要把这些零散的东西拼凑到一块儿！唯有当你想到要把这些部分都联系起来时，你才会灵光乍现，你才能说是真正受到了启发。

对皮尔士来说，溯因推理的关键就在于寻找各种答案。在皮尔士之前的几个世纪里，西方世界一直在大力发展科学，并且相信随着工业时代的到来，人类可以征服一切。然而，皮尔士却在 1899 年所作的演讲《逻辑学第一法则》(*First Rule of Logic*) 中，对人类自认为已掌握的真理提出了质疑。他的原话是："切勿阻塞人类探寻真相之路。"[29] 接着，他进一步提出了人类在推理时容易犯下的"四宗罪"：

◎ 我们坚信，自己是正确的。
◎ 我们确信，有些事物我们还不曾掌握，并非因为它们不可知，而只是因为我们尚未找到掌握它们的技术和方法。
◎ 我们坚称，科学领域存在某些不可再往下细分的基本形态，而这些基本形态是绝对无法再做进一步阐释且绝对不可知的。
◎ 我们认为，某些定理或真理已经被完全证明，已经完美无缺了。

皮尔士极度排斥"理论即真理"的观点，他坚持认为，任何一条理论只能做到"接近真理"。换句话说，皮尔士相信，任何理论都有改进的空间，任何新的"真理"都有出现的可能性。

当然，身为一名科学家，拒绝接受万物有穷尽这样的理念并不稀奇。在科学家们看来，"事实"并不必然没有例外。不过，皮尔士的学说给我们带来的最重要的启示还在于，他将两种不同的行为给区分开了。这两种行为便是提出问题和做出判断，在我们的反应上分别体现为质疑和采信。皮尔士说：“质疑意味着一种不确定、不满意的状态，我们不满足于质疑的状态，因此会努力跳出这个状态，努力寻找值得采信的东西；反之，采信则意味着安适与自足，我们很享受这种状态，因此不会想到要逃离，也不会再想去采信其他东西了。”[30]

为什么改变既有的观点那么难？在皮尔士看来，这并非由于我们无知，而是由于我们害怕或厌恶质疑所带来的不舒服，才导致了我们紧紧抓住某些落伍的，有时甚至是愚蠢透顶的观念不放。是的，我们有时候真就如此盲目，就像把脑袋埋进沙子里逃避危险的鸵鸟，一边还安慰自己说不存在任何危险。和鸵鸟相比，人类也高明不到哪儿去，只晓得一味逃避任何可能改变核心信念的事物。即使这意味着必须对越来越多的证据视而不见，或者对理智的声音充耳不闻，也在所不惜。

不管是好是坏，总之溯因推理是会让人不舒服的。不过，它同时也是真正的创造力源泉。唯有通过这样的方式来解决问题，我们才能够抵达意会时刻。

在接下来所讲述的商业案例中，你将会看见，企业领导者在真正洞见创造性的洞见之前就能够感觉到它们。正如我们之前说过的那样，最先到来的总是隐约闪现的微光，随后很快地，意会时刻就将来临。**这些领导者的洞见并非来自电子财务表格上的数字，也不是来自每一页都做得漂漂亮亮的项目企划书。每一次深刻的洞见都必须经历一个深刻反思的过程，说得夸张一些，你非得同你的数据来个“肝胆相照、赤诚相见”不可。**

在接下来的章节中，我们将暂时放下理论，看看意会法是如何应用于真实的商业难题的。为了更好地厘清这个过程，我们将意会法拆解为以下5个阶段：

◎ 用现象来表述商业问题；
◎ 搜集相关数据；
◎ 找出通用模式；
◎ 得出关键洞见；
◎ 建立企业的商业影响力。

对于任何企业而言，要抵达意会时刻都是困难的。在接下来的几章，我们将详细讨论，不同的企业是如何运用这些方法抵达各自的意会时刻，找到各自的商业出路的。我们又能从这些企业的经验中学到什么。拿玩具制造商乐高集团来说，它所面临的是长期发展方向上的变革。这是一个典型的企业转型类案例。在研究过程中，乐高公司经历了数次意会，将公司长久以来所抱持的有关孩子是如何玩玩具的假设各个击破。医疗护理用品企业康乐保公司与乐高集团不同，它们只需要重点关注企业内部某个单一产品的产品设计问题。意会法帮助康乐保公司体验到了一次恍然大悟，直接导致这款产品的价值定位被彻底颠覆。此外，基于深刻洞见的非线性问题解决流程，还帮助阿迪达斯和英特尔这样的公司建立起了未来的企业战略。

04

企业转型：乐高，回到积木

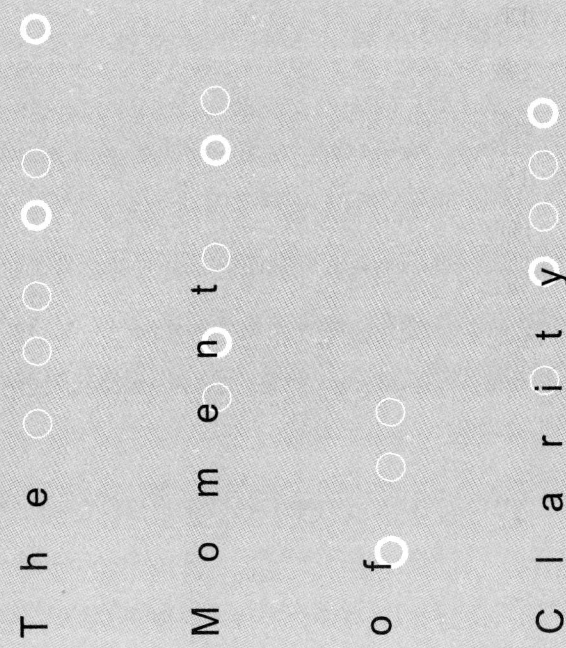

迷雾中的乐高

这是丹麦比隆晚秋时节阴冷的一天。假如我们告诉你，这是一座仅有差不多 6 000 人的小镇，镇上的交通信号灯屈指可数，你八成会想，那这里的机场还能大到哪儿去呢？有一台咖啡贩售机和一条起飞跑道就不错了。然而事实上，比隆机场是丹麦第二大机场，每天有数百个国际航班在这里起降。这座小镇始终不遗余力地向旅客推介它的头号恩主兼荣誉市民，确切地说，在镇上的每个转角，你都能看见经典的黄色方头仔在向你微笑。比隆正是乐高集团的故乡。至于乐高集团，不用说大家也知道，是一家誉满全球的玩具业巨头。

才靠近乐高集团总部园区，我们就已经透过淡淡的雾气看到了门前那三块巨大的红、黄、蓝色积木。进得大门，入口处有一个真人大小的乐高方头仔，手里捧着一块欢迎屏。前台接待处的造型，就是一块被一切为二的巨大积木。园区内随处可见的乐高标识透露了乐高人的自豪感。可你能猜得到，仅仅 8 年之前，这家积木帝国差一点儿就一命呜呼了吗？从 2004 年开始，乐高公司经历了一次令人震惊的重大转型。而这次转型的成功，要部分归功于公司领导层决意靠意会法来力挽狂澜。

20 世纪 30 年代，丹麦木匠奥利 · 柯克 · 克里斯琴森（Ole Kirk Christiansen）开始制作一些小型木制模型，譬如一些玩具家具和玩具积木。到 1947 年，克里斯琴森不再做实木积木，而改做塑料积木，并且一步步发展出了一条完整的玩具产品线。他将公司命名“LEGO”，出自丹麦语 leg godt，意思是“好好玩儿”。随后，在 1958 年，乐高公司为嵌合组装技术申请专利，这种技术用孩子们的话来说，就是“一插就好”。一款标志性的儿童玩具就此诞生。即使到了半个多世纪以后的今天，乐高仍然拥有其核心专利。[1]

经过几十年的发展与革新，在新世纪之初，2000 年时乐高公司依然是全球排名第五位的玩具制造商。然而，没过几年，生意忽然就不行了。2004 年 1 月，乐高集团对外宣布公司出现重大亏损。根据乐高自己的计算，集团的日亏损金额高达 100 万美元。当时，乐高集团的董事长兼首席执行官是创始人奥利 · 柯克 · 克里斯琴森的孙子基尔德 · 柯克 · 克里斯琴森（Kjeld Kirk Kristiansen）。值此危急时刻，基尔德主动退位，并任命麦肯锡前咨询师约恩 · 维格 · 克努德斯托普（Jørgen Vig Knudstorp）为公司的新任首席执行官。

不知从何时开始，这家曾两度荣膺“20 世纪最佳玩具奖”[2]的公司竟然与它的核心消费者完全脱钩了。这一切究竟是怎么发生的？而乐高公司又是如何拨开迷雾、逃出生天的呢？

上述问题的答案可以从乐高公司的一项举措中看出端倪，公司决意诉诸一种不事先设限的探索。为此，乐高借鉴了人文科学理论中的意会法，来探索乐高顾客的行为模式。

意会法包含以下 5 个阶段：

1. 用现象来表述商业问题；
2. 搜集相关数据；
3. 找出通用模式；
4. 得出关键洞见；
5. 建立企业的商业影响力。

意会法的 5 个阶段

第一阶段：用现象来表述商业问题

对于乐高公司而言，用现象来表述商业问题意味着把玩具行业的老问题，即“孩子们需要什么样的玩具”，重新表述成“游戏扮演什么样的角色”。

假如你在路上撞见帕尔 · 史密斯 - 迈耶（Paal Smith-Meyer），你很可能误以为他刚刚大学毕业。其实，他早已年近不惑。不过，他的穿着打扮却再休闲不过了，成天敞着件连帽夹克衫，下巴上也总是胡子拉碴的。但你可千万别小瞧了史密斯 - 迈耶，他现在的头衔是乐高公司新业务部的负责人，是掌管着公司新战略命脉的设计牛人之一。

史密斯 - 迈耶是 1999 年进入乐高公司的，他最初的职位就是设计师。史密斯 - 迈耶曾说："对我来说，乐高一直就是积木的代名词。所以你可以想见，当我在 2000 年初进公司那会儿，发现这里的人对积木根本没什么兴趣的时候，我有多么震惊。那个时候，大家嘴里念叨的都是乐高'品牌'。"

当时，乐高公司正试图通过扩大业务范围来拓展品牌机遇，譬如推出动漫人偶、电子游戏，等等。可以说，为了获得更高的市场份额，乐高背离了它的核心受众——那些爱搭积木的孩子们。

史密斯 - 迈耶说："乐高变得越来越酷，可是也越来越不像'乐高'了。我们当时新雇了许多以造型技巧见长的设计师，甚至不惜从其他行业挖人过来，例如汽车造型设计师。"

乐高还请了一批管理咨询师来帮助改进公司的组织架构，以提高工作效率。这些管理咨询师启动了一个名叫"上进"的项目，目的是帮助那些拥有高学历的乐高员工在公司内打通上升渠道。但遗憾的是，乐高的许多资历最深、经验最丰富的老设计师却苦于缺乏符合项目所要求的管理背景，因而无法从中获益。

回忆起当年的情形，史密斯 - 迈耶不禁感慨万千。他说："过去，这些老设计师曾在推出无人机模型和星球大战系列的工作中为乐高做出过杰出贡献，而现在，他们再也无法像从前那样参与新产品的设计了。可以说，这个做法使得公司失去了一大半生命力。那段时间，我们竭尽全力保住积木，没让它被公司枪毙掉，现在回想起来还真是五味杂陈啊。"

在这段时期，乐高公司的所有决策都是基于若干个核心假设所做出的。首先，公司通过内部研究得出了这样一个结论：在如今这个信息时代，孩子们也同样面临着时间紧缩的问题。结果就是，他们不再像从前的孩子那样有那么多时间去玩儿了。在研究了一整套现在孩子的生活作息时刻表、和小伙伴相约玩游戏的频次、看电视玩电脑的时间，以及上课做作业的时间之后，乐高公司认为，自家的传统积木玩具玩起来太费时间，因此已经跟不上时代的步调了。

同时，乐高公司还切实感受到了插电式玩具的威胁，也就是那些数码游戏。数码游戏能够在极短的时间内使孩子们产生快感。不得不承认，数字空间确实给游戏体验带来了太多花哨的附加功能。乐高公司因而认为，自家的老土积木是无法与数码游戏相抗衡的。

最后，乐高还担心，公司的传统消费者群体主要是喜欢搭积木的男孩子，这样的定位会不利于品牌渗透，无法打入流行玩具的市场。乐高公司觉得自己不得不在传统的乐高品牌玩具中加入更具侵略性的元素，譬如使用更深的色调，加入更多的暴力和危险元素，好让玩具玩起来更加刺激。如果说传统乐高的形象代言人是那个面露微笑的黄色方头仔的话，那么20世纪90年代和2000年初期的乐高代表则是它的海豹突击队套装。一位德国妈妈曾在接受采访时说，现在的那些玩具小人偶的面部表情简直就像是“刚从地狱里爬出来”似的。

史密斯-迈耶告诉我们，当时的乐高公司“急于摆脱‘积木呆子’的烙印”，必须“竭力抹去‘玩乐高的都是些没朋友的小孩子’的印象”。

乐高玩具独有的基因在于通过搭积木来激发和培养孩子全面的创造力。然而如今，公司全然不顾品牌基因，只一味追求扩大产品线。举个例子，乐高公司新打造出了一系列专门针对女孩的玩具，叫“扣上就玩”

（ClickIts）。这个系列的玩具只需要把女孩人偶的配件、珠宝等“咔哒”一下扣上去就可以玩了。可是等一下，乐高玩具的那些核心模块都去哪儿了？没有了它们，这些玩具看起来一点儿也不“乐高”了好不好？！就连乐高公司自己的员工都说，“假如把乐高的标识遮掉，鬼才猜得出这究竟是哪家公司造出来的东西。”

不仅如此，玩具设计师的创造力还受到了管理咨询师极度依赖的市场调研、焦点小组和各种测试的限制。史密斯 - 迈耶告诉我们：“在一次焦点小组测试中，孩子们都去拿我们的竞争对手美加宝（Mega Bloks）的玩具，就因为这些玩具尺寸更大。不过，这并不意味着孩子们更喜欢美加宝。他们其实更喜欢具有原创性的乐高，只不过那个焦点小组测试的环境影响了他们当下的选择。可是，更大的问题在于，我们却把这些测试结果拿来指导新产品的开发。”

尽管乐高的产品覆盖面越铺越广，但公司内部从上至下始终被一片日渐加重的阴云所笼罩着。现在公司新开的产品线试图沟通的对象已经不再是真正的乐高迷了，而是那些理论上的潜在用户。

史密斯 - 迈耶说：“我们曾用‘哇哦，酷毙了’来形容那些我们认为是浪费时间的创意。在每个季度之初，我们都会向领导层展示几百个创意概念，就像一场创意展销会似的。然后我们经常会拿老大们的反应来开玩笑。有些创意，老大们一看到，就会说，‘哇哦……好酷……就做这个吧！’我们总会追问：‘你们觉得它好在哪里？‘哇哦’究竟是什么意思？’我们很不喜欢‘哇哦，酷毙了’这样的反馈，因为我们觉得更重要的是去问‘我们真的需要那玩意儿吗？’‘它真的可以丰富我们的产品组合吗？’‘我们真心喜欢它吗？’这样的问题。”

扩张品牌的做法，忽视甚至破坏了家长的乐高情节，导致进一步失掉了市场契机。忽然之间，所有的乐高玩具都大变样，它们再也无法触发家长们的怀旧情节了。如今的家长看到这些陌生的新玩具，再也不会联想到他们自己欢乐的童年时光了，更不会说："嘿，儿子，你知道吗？你老爸我小时候就是玩这个长大的！"

史密斯 - 迈耶回忆自己有一次去德国参加了一场焦点小组，他说："调研人员找来的是那些家中小孩符合我们客户群年龄区间的母亲。那些小时候喜欢玩摩比世界（Playmobil）的妈妈们，基本上她们的孩子也喜欢玩摩比世界。而那些小时候更喜欢玩乐高的妈妈们，你猜怎么着？她们的孩子也更喜欢玩乐高。还有一些在东德长大的妈妈们，她们说：'我们小时候可没那么多玩具可以选择，所以基本上是有什么就玩什么。洋娃娃啦，旧的泰迪熊啦之类的。我的孩子们也一样啦，身边有什么就玩什么。'"

所以说，游戏文化其实不单是孩子们之间的一种互动，也是父母和子女两代人之间的一种情感联系。就像我们之前所举的可乐瓶和锤子的例子，像乐高积木这样的玩具，只有当有人去玩积木的时候才最能体现出它们的意义和价值。而所谓的怀旧情节恰恰不属于属性，而属于特性。为此，家长们在接受市场调研的时候，往往没有办法明确地告诉调研人员，他们真正想要的其实就是他们自己小时候曾经玩过的玩具。可是一旦你把那些他们所熟悉的玩具放在他们眼前了，他们就会立即做出反应。

不过，史密斯 - 迈耶告诉我们说："当然，我们的调研人员可不这么想。他们会说：'不行不行，怎么能谈什么怀旧情节呢？根本就没有证据支持这种东西嘛……'但是，拜托你去看一看有多少家长是从小玩乐高玩到大的。当我们推出和那些家长们小时候玩过的玩具消防站长得很像的玩具时，就一定大卖。反过来，假如我们拿出一件完全激不起家长们的童年回忆的玩具，他们就会说：‘你们有没有其他玩具？’所以说，产品开发有太多肉眼看不到的深层考量。特别是如果你只单纯从管理学角度出发去考虑问题，或者只知道看财务表格的话，你就不能真正了解游戏的生态学。”

直至2004年年末，乐高都一直在迷雾中蒙头乱转。2003年，乐高经历了一次巨大的亏损，使得2004年账面价值大幅下跌，迫使新任首席执行官克努德斯托普不得不往别处寻找出路。克努德斯托普对外部环境具有敏锐的观察力，他能觉察出一定有什么地方出了问题。依靠传统的默认思维模式，他知道乐高必须通过优化运营模式和提高效率来缩减开支。但与此同时，他的直觉还告诉他，在这些数字之外，肯定还有什么问题被忽略了。终于，他意识到了一个很难被发现的问题，那就是近年来乐高公司正与乐高品牌的核心理念渐行渐远。然而，要解决这个问题，决不是单纯增加几条新的产品线，或者与玩具零售商洽谈扩大店铺面积那么简单。于是，克努德斯托普宣布，公司必须更深入彻底地研究孩子们的需求。想要打开销路、卖得更好，乐高所要做的绝不仅仅是重新设计玩具，而是必须弄明白游戏这个现象。

第二阶段：搜集相关数据

对于乐高而言，要搜集相关数据，就必须针对不同的情境采用不同的方法，比如参与式观察、客户访谈等，以及对物品、文字描述、卡片分类、日记、影像和照片等进行民族志式的深入研究。

克努德斯托普很快就意识到，假如他真的想要仔细考察游戏这么一个深奥而复杂的现象，就必须寻求专家的帮助。于是，他发起了一项规模浩大的研究，请来受过专业训练的研究团队，并将他们编成若干个“乐高人类学研究小组”。这些研究小组深入美国洛杉矶、纽约、芝加哥的市区和郊区，以及德国慕尼黑和汉堡地区的家庭中，花了几个月的时间为乐高搜集了各种数据。他们制作照片日记，采访家长，让孩子们对图片进行分类，并且根据图片的内容编故事。在好几个星期的时间里，孩子们去哪儿，研究小组的成员就跟到哪儿，并运用符号学分析组成孩子世界的那些影片和故事。研究小组对玩具商店、室内游戏空间和室外游乐场等场所进行了研究，并且采访了一些学习与儿童发展领域的专家。除此之外，他们还做了一项对比观察，先和孩子们的祖父母及父母们一起去购物，然后又单独陪同孩子以及他们的小伙伴去购物。

史密斯 - 迈耶向我们解释了这次搜集数据的过程，如何为乐高集团的高管们打开了一扇新的窗户，使他们意识到了之前完全没有意识到的新问题：

> 这一整个过程对于我们来说简直陌生极了。以往，我们通常的做法就只是稍微抬头看一眼市场发展趋势就立马闷头开发新产品了，然后在做焦点小组调研的时候把我们做出来的新玩具拿给孩子们玩玩看。我们所关心的始终都只有一类问题：“嘿，小朋友，你觉得这个玩具好玩儿吗？”或者“这个玩具是不是比那个更好玩一些呀？”问完我们就等着听孩子们会怎么说。
>
> 去别人家里进行采访就完全不同了。焦点小组讨论都是在没有经过特别布置的空间里进行的，十个妈妈围成一圈坐着，难免会激发某种竞争意识。她们多多少少会感到一些压力，去说她们认为自己应该说的话，不说不该说的。而假如是在自己家里，人们就会表现得更为真实，也更为诚实，而你也就有机会更接近

真相。你可以看见自然而然发生了些什么，而不是人们想要刻意表现出什么。你会发现，玩具被丢得到处都是，整个家里乱七八糟的。

简而言之，就是分析人员渗透到这些家庭的文化中去了。他们以民族志研究者的姿态，尽量不戴有色眼镜、不夹杂先入为主的观念，只是纯粹地去观察这一文化。在数据搜集完毕之后，研究小组将通过软件程序来处理这些定性的原始数据。这意味着所有那些在一开始杂乱无章的文字记录、录音文件、影像资料以及照片都将被汇编成各个主题。通过软件程序，分析者们可以建立若干个主题，并进一步调整和处理各个主题之间的相互关系。在详细绘制出所有可能的相关模式之后，研究小组就可以着手探究隐藏在文字和多媒体数据之后的复杂现象了。值得注意的是，研究小组的成员们并不是把原始数据直接拿来原封不动地一交了事，或者稍加整理后换汤不换药地罗列出来，而是对原始数据进行详细的处理和组织，确保它们条理清晰、一目了然。这样，研究小组才有可能从视觉资料关系图中找出规律和模式来。

第三阶段：找出通用模式

在搜集好数据并将其分类、处理完毕之后，便进入了第三阶段：分析这些数据，并从中找出通用模式来。这个阶段的目标是找出能把各种数据串联到一块儿的更大的主题，为此需要用到一个名为“形式指引”（formal indication）的流程。这个流程以创造性和分析性的对话为主轴。

通过对话，研究小组的成员们使自己全身心地投入到这些数据中。小组中的一位成员告诉我们：“我们不断地提出这样的问题：‘那边那个小孩在做什么呢？他所做的和这边这个小孩正在做的是同样的事情吗？'”在对数据资料经过一番热烈讨论之后，团队合作便暂时告一段落，研究人员回去分头整理出各自所认为的最重要的模式。在寻找模式的过程中，研究人员不仅要把这辈子所受过的批判性思维训练全部拿出来，而且更重要的是，他们也要把自己带到分析过程之中，从自己的角度、以自己的方式去体察孩子们的体验。就这样，他们将艺术与科学融合在了一起。

随后，所有的研究小组成员再次聚到一块儿，继续讨论。他们要分享各自的判断。一位小组成员告诉我们："当我们开始确定模式的时候，会不断地相互诘问：'我们的数据真的支持你所找出来的那个模式吗？'然后我们就得回过头去重新检查，以确保一切都能说得通。"

另一位研究者则说："你必须不停地思考，然后把想法说出来。我们不会说：'好吧，第一步，让我们先做决定，选出几个备选的模式来；第二步，大家来投票；投出结果之后就是第三步，继续往下走。'我们的讨论过程完全是非线性的，远比那种按图索骥式的'一二三'要复杂得多。"

以下面这场小组讨论为例。在一次针对照片日记的讨论中，研究小组的成员们注意到，在新泽西州的一些家庭中，孩子们的卧室显然是被他们的母亲给精心布置过的。一位小组成员说："这些房间看上去就像是直接从《瑞丽家居设计》杂志里扒下来的。"随后他们又发现，在另外一个洛杉矶的家庭里，孩子的卧室整洁得简直不像是真的，屋子的天花板上还吊着一架设计精美的小飞机。另一位小组成员觉得这看起来"根本就是刻意打造出来的嘛"。就这样，小组成员们讨论开去，想弄明白这种现象背后可能隐藏的深层原因。很快他们就发现，这些孩子都来自中上层家庭，他们每天乘坐多功能 SUV 进进出出，课后活动也全都被安排得井井有条。研究人员注意到，这些孩子的母亲不止精心打扮自己、安排家庭，她们也在精心规划着自己孩子的成长。她们希望自己的孩子可以静若处子、动若脱兔。她们努力要把孩子们打造成兼具创造力、情趣、交际能力、幽默感、智慧和冷静于一身的完美之人。

在讨论过程中，研究小组的成员们充分利用人文科学的批判理论作为他们观察这一现象的指导性框架。他们通过讨论发现，这种被精心"打造"的童年与福柯所说的"全景敞视监狱"（panopticon）[①]极为相似，里面的人一举一动无时无刻不在他人的监视之下，并且一旦违纪就要受到规训和处罚。一位分析人员在纸上画了一个大大的圆圈，随后又在边上画了一个非常小的圆圈，然后指着那个大圆圈说："我们小时候玩游戏的空间有这么大，而这些孩子现在的空间就只有这么大，并且还在一天天缩小。"

还是在这次讨论中，有几位研究人员同时指出，其实孩子们对他们的父母是有所隐藏的。譬如，有人注意到，在联网游戏中孩子们经常会用到一个缩写词POS，它代表的意思就是"老爸老妈正在我背后看着呢"（Parent Over Shoulder）。另一位研究人员则告诉大家，她接触过的一个小男孩曾偷偷把她请到自己的房间里，说是要给她看自己最最保密、最最宝贝的东西。结果小男孩从床底下拉出一只鞋盒，然后悄悄告诉研究人员，那里面盛满了神奇的毒蘑菇。

还有一位研究人员说："我们邀请一个孩子设计他自己理想中的房间，结果他设计出来的房子里充满了各种偷偷摸摸的元素，有陷阱，甚至还有从电视连续剧《犯罪现场调查》中看来的做了手脚的暗门。所有这些元素

① 全景敞视监狱：又称"圆形监狱"或"环形监狱"，是一种在18世纪末流行起来的监狱建筑设计。其设计理念在于让一名狱卒时时刻刻暗中监视多名囚犯的活动。在福柯笔下，"全景敞视监狱"成为了现代规训社会的一种比喻。在这种社会中，监视是一种控制手段。

都在传达一条信息：‘别进来！’”就这样，人类学研究小组的成员们终于搞明白了，无论是盛满了毒蘑菇的盒子还是布置了陷阱的房间，都是孩子们用来反抗现实生活中父母对他们的打造、摆布以及监视的武器。在经过进一步的讨论之后，研究小组逐渐摸清了一个模式，即这些孩子快要被“管”死了。

一位小组成员回忆道：“这些孩子可真是被管得死严死严的啊！在他们的生活中，所有的真实空间里都有一个成年人在管教、约束或者打造他们。过去的孩子们多少还有些自由空间，也能适度地体验到马路上的危险，城里的孩子可以沿着住处附近的人行道玩耍，乡下的小孩就更可以在田里肆无忌惮地乱跑。可你看看现在的这些孩子，他们只能去虚拟空间里寻找他们想要的自由，要么打联网游戏，要么做白日梦（譬如那盒神奇蘑菇）。”

通过对所有这些观察所得的深入讨论，小组成员得出了一条至为关键的洞见。对于这些孩子们来说，游戏的一个作用在于为他们提供一袋新鲜的氧气，好让他们能从成年人的严管中获得一丝喘息的机会。研究小组意识到，孩子们太想要把一些危险元素偷带进自己的生活中去了！假如他们当初只知道按部就班地使用线性方法，也就是说假如他们只去关注孩子们做游戏过程中的属性，那么他们就决不会想到要把毒蘑菇和房间里的陷阱放到一块儿去。而他们实际采用的这种非线性的讨论过程其实就是在帮助他们把零散的点给连接起来。一旦两个点被连上了，就会发现，这两个看似毫无相似之处的行为背后，其实恰恰是同一种现象。

这次讨论还在继续，还有更多的收获在等着他们。不久，有小组成员提到，不管是德国孩子还是美国孩子，也不管是在什么样的场合，都会使用各种等级和排名系统。一位研究人员向大家讲述了有个男孩发明了一套复杂的游戏，为他自己想象出来的足球运动员们进行排名。介绍起每一名虚拟球员来，他可以滔滔不绝地报出一长串统计数据。另一位成员也提到，有一群男孩子常常聚在一起讨论彼此打电子游戏的分数，并且会不知疲倦地一直聊下去。他说，这些男孩的等级关系会依据打游戏的排名每日更新。于是，研究小组回过头重新研究起这个现象来：孩子们那么注重排名，这个发现对我们思考游戏的作用会有什么启迪吗？经过一番讨论之后，他们发现，在动物界，一个族群里的雄性动物之间经常会打架，然后根据胜负建立起族群内部的社会秩序和等级，而它们所做的简直就和这些男孩们的行为如出一辙！这些男孩正是在通过游戏来确立谁才是大哥，谁又是小弟。

而最明显的一处观察所得则是与一只旧鞋有关。一个 11 岁的德国男孩邀请一名研究人员去看他最宝贝的东西。出乎这名研究人员意料的是，那既不是一款电子游戏，也不是什么昂贵的新玩具，竟然是一只被穿得破破烂烂的帆布鞋！男孩充满自豪地把鞋子两侧和鞋底的破损痕迹指给研究人员看。这些痕记可以向他的朋友证明，他是如何练熟某一项滑板技能的。

通过这项观察，研究人员发现了一个更为普遍的模式——熟练模式。孩子们玩游戏，是为了将某项技能练熟。假如他们觉得某项技能十分有用，就会反复练习直到熟练掌握它。这个德国男孩对滑板的痴迷，以及玩滑板给他带来的丰富社交谈资，无疑给了乐高之前的那套假设一记响亮的耳光。研究人员经过讨论发现，诸如孩子们也面临着时间紧缩问题，现在的玩具必须能够在极短的时间内使孩子们产生快感，统统都是扯淡，与事实完全背道而驰。对于孩子们来说，最有意义的游戏恰恰是那些包含了难度进阶，并且需要他们去掌握某项技能的游戏。研究小组将此发现戏称为"'瞬时吸引'大战'诱你入会'"。

诸如此类的发现帮助研究人员识别出了以下这几个重要的模式：通过游戏，孩子们可以获得一丝喘息的机会，可以建立起等级观念，可以熟练掌握某项技能，还可以交际。研究人员进一步将这些模式简化为四个类别，分别是："躲避雷达""等级排名""熟练精通"和"社交游戏"。

史密斯-迈耶告诉我们，他"至今仍保留着在第一场专题讨论会上所记的笔记"。他说："当时我就在想，'为什么我们不做这个？为什么之前我们只是干坐着参加焦点小组讨论呢？'乐高已经做了太多关于游戏的调研，以至于调研演变成了一套空洞的形式。做调研的人根本就无意于深入了解人们的行为，起码在管理层方面绝对是这样。我们早就应该走出办公室，进入真正的家庭中去。那些人才是我们产品的真正使用者。"

第四阶段：得出关键洞见

在找出了通用模式之后，下一步要做的就是界定它们对于商业而言究竟意味着什么，也就是说，要从中得出最为关键的洞见来。在许多情况下，先确定一个条理清晰的中心思想，对于之后的策略规划是很有帮助的，因为这么做能够指出一个明确的方向和所需要关注的重点。可以说，从上一个阶段中找出来的模式就是你的核心问题，也就是你这一阶段的中心思想，而这个阶段你所要做的就是想点子，想能够解决你所洞察到的核心问题的点子。各方各面的点子都可以，譬如关于新产品、新服务、与客户互动、技术或其他改善方案的点子。如果你之前的见解足够有深度，那么不需要有多大的想象力就能想出合适的点子来。但是，重要的是从那些会购买和使用你的产品、会和产品互动的人的角度去审查这些点子。那么，如何才能找准这个角度呢？关键在于价值定位。价值定位确定了你的企业和产品能为市场提供些什么，以及在发展的过程中你究竟应该往哪个方向去创新。

正如上文所提到的那样，这一次，乐高没有再死抱着时间紧缩的错误假设不放，而是重新恢复了与核心消费者的交流沟通，即那些渴望通过玩乐高积木熟练掌握某些技能的孩子们。这些孩子不单有时间，而且也愿意把时间花在玩乐高积木上。

史密斯 - 迈耶这样解释："如果只看定量调研的结果，你会觉得，'平均来看，普通孩子没什么时间玩耍。'然而事实并非如此。实际上，40% 的孩子拥有足够多的时间，当然另外 40% 的孩子确实没有什么时间。因此，单单看平均值，对你来说没有任何帮助。我们所知道的是，玩乐高积木就是需要花时间的。我们不该为了让乐高积木能够符合这个平均水平而丢掉它的核心意义。相反，我们应该说，'玩乐高积木是要花时间的'，而那些愿意花时间去玩乐高的人自然就会把时间花在乐高上面。至于那些不愿花时间的，自然就会去玩孩之宝（Hasbro）的变形金刚玩偶或其他类型的玩具。我们过去的做法其实就是在丢弃自己的核心竞争力。"

可以说，孩子们渴望熟练掌握某项技能这一洞见，切实地影响了乐高公司之后所有产品的设计。史密斯 - 迈耶说："我们现在设计的产品以身为乐高为荣。你只消看一眼包装盒，就能知道它们是乐高。我们必须接受这样一个现实，你不能强迫任何人来玩这些积木。这次的研究使我们看清楚了，哪些孩子才是我们的产品想要打动的客户。这是一个很重要的决定，不过现在我们不妨像念顺口溜一样把它给念出来好了：让我们从现在开始为那些因为乐高是乐高所以热爱乐高的人们设计乐高吧！"

能够与消费者群体恢复联系，对于乐高公司而言无疑是一次意义深远的意会。从此以后，乐高有了一句全新的座右铭："启迪未来的建造者"。除此之外，乐高还加倍积极地与各地的粉丝团沟通交流，其中就包括"乐高成年粉丝俱乐部”（Adult Fans of LEGO，AFOL）。

史密斯 - 迈耶表示：“我们开始参加 AFOL 大会，还和俱乐部的成员们有了生意上的往来合作。在拿捏产品方面，这些粉丝有时甚至比我们更能多角度地去看问题，比我们还要活跃，还要更有创意。”

研究小组总结出来的“躲避雷达”这个类别，帮助乐高设计出了带有隐性危险元素的新玩具。其中一个创意产品是一辆带有“躲避雷达”特征的救火车。这是一款针对男孩的玩具，设计得既贴心又直接。乐高在网站上偷偷“泄露”了一系列的玩法，教这些男孩如何把这辆救火车变形成为不同的武器和其他危险物品。

此外，那一系列的讨论还催生了另一件新事物：“乐高之家”（LEGO Clubhouse）。如今，“乐高之家”已成为乐高玩具店的一大特色。每一家玩具店里都布置了“乐高之家”，那里提供了一桶桶的乐高积木，任由孩子们免费尽情玩耍。孩子们可以从最简单的乐高桶开始，那里面的积木个头大、块数少。就这样，他们可以一路搭到最难的、最费时间的模型。年幼的孩子可以看着年长的孩子玩，并且跟着他们学习怎么搭积木，这样一来，又能自然而然地形成一种非正式的导师制度，所依据的正是孩子们搭积木的技能等级。

这些模式同样也让公司明白，到底该在哪些地方削减开支。首席执行官克努德斯托普把新乐高套装的备选模块数量从 12 900 个降到了 7 000 个。[3]除此之外，公司在新产品开发的思路上也转变了方向，不再像 20 世纪 90 年代到 2000 年初期那样专门设计些所有人上手就能玩的玩具，而是把重点放在了加强与同一群核心消费者的关系上。

乐高集团的执行副总裁马斯·尼佩尔（Mads Nipper）向我们描述乐高的价值定位：

> 如今，我们对于乐高集团的优势和长处有了深刻的认识。我们不想再跟在市场后面跑，市场要什么我们就造什么。我们自己选择哪些事情我们做，哪些不做。所以，我们的核心产品一直都会是乐高积木及其衍生产品，那是我们的品牌基因。我们将会在现有产品体系的基础上开发新的积木和游戏体验，并且确保所有加到老体系中的新元素都以激发和培养用户全面的创造力为根本。
>
> 假如一开始你就能特别成功地设计出一套积木搭建体系的话，就等于你有了一套解决问题的模型，随之而来的一切都会变得顺理成章，无论是两百页的搭建说明书，还是产品的核心理念。乐高积木的核心理念就是：一桶积木就是一套创新工具，你可以想怎么搭就怎么搭。我们相信这样的混合产品开发方案是行得通的。当然，关键在于一开始你得特别全面地把与这个产品体系相关的方方面面都给想清楚。[4]

第五阶段：建立企业的商业影响力

这次研究所产生的一条洞见看上去可以为乐高公司带来巨额的利润和潜在发展空间。研究人员不断地听到孩子们说起要反抗权威。他们要反抗的权威还真不少呢，有老师，有家长，还有其他一些成年人。一位调研人员告诉我们：“那是我有生以来第一次真正理解尼克国际儿童频道（Nickelodeon）。这个频道里所讲的每一个故事都是在给孩子们灌输反抗和叛逆的念头。对孩子们来说，反抗权威的诱惑力和煽动性实在太大了。”

可是，当研究人员将这个商业机会告诉乐高集团的管理层时，他们却直接把它给毙了。高管们告诉研究人员："那不是我们的做派。"好吧，尽管这个发现既有深度，市场潜力又非常大，但是很可惜，公司老板不喜欢啊。

一位研究人员指出："归根结底，对于乐高公司来说，做出一项商业决策还意味着审美上的，甚至是道德上的抉择。拒绝这么大的利益诱惑对于乐高公司来说是非常不容易的，但我不得不说他们干了件好事。从这件事上可以看出，乐高确实是一家有信仰、有理想、有立场的好企业。"

史密斯 - 迈耶告诉我们："人们一直都在问我们是怎么做到的，怎么能在那么短的时间内，同时在内部和外部做出了如此成功的大转型呢？但是，也许他们更应该问一问，我们究竟为什么要做这些事情。问'我们能赚到更多钱吗'是没有用的，我们真正应该问的是：'这么做对启迪未来的建造者有帮助吗？'"

乐高的转型过程基本就是这样的。首先，他们把商业问题"我们如何才能重新赢回市场份额"重新表述为关于游戏现象的问题："游戏扮演什么样的角色？"随后，领导层深入参与到数据搜集的过程之中，从中寻找符合更大分析框架的通用模式或普适主题。找到之后，从这些模式中发现和得出一些关键的洞见，从而帮助公司真正看清它所处的市场。

乐高公司并不是唯一运用意会法达到意会时刻的企业。在第 5 章，我们将介绍康乐保公司。这是一家全球知名的医疗护理用品企业，和乐高公司不同的是，康乐保公司所要克服的挑战是一个单一的问题：产品设计渠道。康乐保公司并不缺乏创新的潜力，公司的研发部门多的是新点子。可是，它却始终无法准确地回答一个最基本的问题：我们究竟为什么要这样设计我们的产品？最终，在意会法的帮助下，康乐保建立起了贯穿全公司的产品意义和价值，从而抵达了它的意会时刻。

05

产品设计：康乐保，小众就是主流

The Moment of Clarity

作为一家全球知名的医疗护理用品供应商，康乐保的领导者正发愁，该如何为公司一款热销产品确立新的定位和发展方向。他坐在会议室里，盯着桌上堆积如山的研发方案列出的净现值计算结果，就是感觉哪儿不太对劲。那么多的数字，却没有一个能够告诉他，使用过这款产品的患者究竟是什么感觉。

于是，这位领导者决定暂时将这些数字推到一边，重新做一番不一样的考察。他决定借助民族志方法来研究患者们使用这款产品究竟是一种怎样的体验。

然而，当这次研究的结果收上来时，整个团队都吓傻了。想想看，面对成千上万幅照片、几百 GB 的视频文件、永远都不可能读完的田野调查笔记，以及许许多多其他物件，你会是什么感觉？大海捞针。要从这么庞大的数据堆中梳理出事实真相来，可不像和起草一份电子财务表格一样。

好在这位领导者倒没有惊慌失措。相反，他告诉他的团队，慢慢来。

于是，整组人花了几个月的时间翻阅和讨论这些数据资料，并且用批判性的眼光去分析它们。当考察进行到最后阶段的时候，团队成员终于渐渐看清了这款产品的出路。他们先是从数据中摸索出了一些模式，并尝试着将它们结合起来看，然后忽然之间，他们仿如醍醐灌顶。

当他们得出关键洞见的时候，觉得这似乎再明显不过了。当然是这样的啦！他们所有人都觉得这简直就是不言而喻的事情嘛，但是他们之前投放到市场中的所有产品，没有一款针对这一点做出过任何创新。这一次的顿悟使他们明确了一点："这就是我们最应该解决的问题，是我们要为之奋斗的事业。"

什么才是最应该解决的问题

康乐保公司是一家创始于欧洲的医疗护理用品企业，并且一直以来都是该领域的领军企业。公司成立于 1954 年。当时，一位名叫埃莉斯 · 索伦森（Elise Sørensen）的护士目睹了她的妹妹在经历了一场造口手术之后恢复的整个过程。这种手术通常是方便胃癌或结肠癌患者排出体内废物。虽然那场手术拯救了索伦森妹妹的性命，但在她的肚子上留下了一个造口，令她感到非常羞耻，再也不肯出门，断了一切的交际。当时，还没有任何专业的医疗用品能够很好地处理造口护理问题，患者只能自制造口袋。索伦森的妹妹就是因为害怕自己做的造口袋在公共场所渗漏污物，所以才拒绝出门。

索伦森于是下定决心要找出办法帮助她的妹妹，使她既能够摆脱离群索居的状态再次回归公共生活，又不必担心造口袋渗漏的问题。在咨询了一些机械方面的专家意见后，索伦森成功制造出了世界上第一个造口袋。

这种造口袋在袋口有一圈胶环，当把造口袋粘到她妹妹的皮肤上之后，她发现可以大幅降低渗漏污物的危险。当索伦森看到妹妹像普通女孩一样，只需带上帽子和外套即可出门，她从中嗅出了一丝商机。

在此后的50年中，康乐保公司始终坚定不移地奉行着创始人的使命。一直以来，公司都以一个有着丰富造口护理经验的护士和护工们组成的委员会作为新产品开发的中坚力量。过去几十年来，康乐保公司始终引领着永久性造口和失禁护理的全球市场，并以提供最高质量的产品而享誉国际。康乐保公司的宗旨是，为患者提供全球领先的“贴心护理产品”。

在位于丹麦胡姆勒拜克市（Humlebæk）的康乐保公司总部，有一个小型陈列馆。在这条安静的长廊上，你可以看到20世纪中叶各种早期的造口袋和失禁袋式样。一个曾经如此私密、充满了羞耻感和难为情的世界，如今就这样被当众展示了出来，甚至还带有几分公然庆祝的意味。你可以在康乐保总部办公室的每一个角落，感受到公司对实用性的考量和对使用者极为尊重的态度。当公司员工谈及康乐保过去的成功、谈及它是如何始终作为医疗护理用品供应商中的领军企业时，我们也有同样的感受。

然而，到了21世纪初期，医学技术领域的激烈竞争使得康乐保的领先地位出现了松动。面对市场上所出现的变化，康乐保公司并没有做出太多的调整。最终，财务数字印证了这个失误。从公司成立直到2008年的50年间，康乐保公司的营业额每年均以两位数的增长率增长，且从未有过销售业绩不达标。但仅在2008年一年当中，康乐保连续四个季度都未能完成销售目标。[1] 显然，整个公司都完全脱离了正轨。就在此时，新上任的首席执行官拉尔斯·拉斯马森（Lars Rasmussen）临危受命，启动了一项艰巨的任务：重新深入审视市场以及创新流程，评估究竟是哪个地方出了问题，而事态又是如何发展到这个地步的。

新上任的康乐保造口护理部全球市场副总裁拉斯穆斯·穆勒（Rasmus Moller）深切地感受到，他的部门必须来一次彻底变革。他想尽到领导者的职责，给下属们提供一些能够力挽狂澜的建议。可是，等一下，康乐保的价值定位到底是什么来着？尽管穆勒非常努力地熟悉他的新工作，并且很快就对每一款新产品了如指掌，但是他发现了一个致命的问题，他几乎无法回答出一个最根本的问题："我们究竟要解决什么问题？"

2008 年，当穆勒刚刚加入造口护理部的时候，迎接是他的是前任大刀阔斧地蛮干一气之后留下来的一个烂摊子。穆勒告诉我们："到处都是令人眼花缭乱的新性能，简直就是个噩梦！当时，新产品线上有太多新产品，每一款都在试图改进某一个或几个小性能，但是却没有任何整体的发展方向可言。所有这些改进都是以工程或技术革新为导向的。换句话说，外面有了什么新的技术，康乐保就把它拿过来用到产品上去。当我问，'你为什么想要在这个方面做出改进？'听到的唯一回答就是，'因为这样改一下会更好……'"

穆勒和同事们需要寻找的是来自市场的观点。一直以来，他们从造口护士那儿得到了太多关于造口护理的需求。而康乐保公司一直试着解决所有问题，反而最终什么问题也没能彻底解决。联结造口患者与康乐保产品的核心在于患者对于产品的体验。关于这一点，当时的康乐保公司显然大大疏忽了。而另一方面，令人眼花缭乱的新性能也导致了公司巨大的花销和利润上的亏损，因为尽管开发了大量新产品，却没有一款能真正大卖。

是时候放弃传统的线性商业模型了。康乐保公司，尤其是造口护理部，现在已经准备好要开始一次新的旅程，要像一名员工所形容的那样“在数据资料的泥沼里打滚”了。

穆勒说：“我们的目标是要找到一个基本点，只有这样才能回答一个根本性的问题：‘我们究竟为什么要这么做？’我们想要能够对我们的消费者说：‘如果你选择康乐保公司，我们就能为你解决这些问题。’护士们总是能提出许多改进想法，譬如‘造口袋的噪音问题是不是需要改进一下’，或者‘是不是要更贴合皮肤’，等等。一旦我们有了一个基本点，就可以这样回答他们，‘这些问题确实很重要，但并不是最亟待解决的问题。’”

康乐保公司时任全球市场高级副总裁克里斯蒂安·威鲁曼森（Kristian Villumsen）最早曾就职于麦肯锡咨询公司。虽然他很喜欢帮别人解决商业问题，但对他那份工作的最终结果大为不满：

> 我们所从事的咨询工作有这么一条基本理念，就是所有问题都可以被定义、被拆解并最终得到解决。因此可以说，这是一套从假设的定义开始的问题解决方法。①假如项目时间有限，那么这套方法的危险之处就在于，有的时候它会演变成一场猜谜游戏。我们并没有多少时间可以用来讨论，而整个过程也几乎不允许你有犯错或深入探究的机会，哪怕是一开始错了再改个方向也不行。因此，在麦肯锡工作的大多数人的想法是这样的：“客户雇我们来，是要我们为他们提供‘正确’答案的。”可以说，这些人从第一天上小学开始就一直在那儿寻找正确答案了。何况一般情况下预算有限，因此有的时候，一项本该为期6个月甚至9

① 从假设的定义开始的问题解决方法正是演绎推理所使用的主要方法。通过手头已有的数据去测试和验证假设，并根据测试结果得相应的出结论。由于这套方法的目标在于找出“正确”答案，因此直接跳过了这是否是“正确”的问题这一关键问题。

个月的研究，往往不得不在3个月内完成。我们必须在期限内把已经定义好了的问题给解决掉，但是几乎没有时间去问那些最基本的问题，譬如："这真的是我们应该解决的问题吗？"或者"我们究竟想要搞清楚什么？"

2008年，威鲁曼森已升至麦肯锡的合伙人。而当康乐保要挖角他时，他认为这是一个很好的机会，能让他以另一种身份、从另一个视角去解决商业问题。于是威鲁曼森欣然接受了这个挑战。但到了新公司他才发现，事情和想象的不太一样。他说："我刚进公司，首席执行官就下课了。公司当时的处境怎一个惨字了得，到处都是大火等着你去灭。连工作日程都排得乱七八糟，更不用提什么发展方向了。我忍不住想，我这算不算是自毁前程哪！"然而，威鲁曼森没有后路可退，于是他决定化乱象为机遇，利用这一剧变的时机发起一项长期、深入的定性研究：

要知道，那时候康乐保公司已经运作50年了，我们手头有一大堆数据，却没有多少见解，至于观点，就更谈不上了。公司在那些市场调研上花费了数百万美元，当我去读那些调研报告的时候，当然会问"这次调研涉及几个市场？"或者"这次调研的是哪款产品？"可是，根本没有人能答得上来。要么就是时间太久远、数据太旧，要么索性谁都记不起来了。还有一次调研，目的是为了确定造口护理上哪些因素最重要，结果他们列出了250个不同的选项，然后请来1 000个人对选项进行逐一评估。这简直就是一堆垃圾嘛。这次调研最后得出的结论是：渗漏是个大问题。好吧，可是我们早就知道渗漏是个大问题了好不好？！我想要的不止是这些，我想要的是一个真正的想法，一个新发现，可以用来解释某些事情。

应用于具体挑战中的意会法

和穆勒一样，威鲁曼森也感觉到康乐保公司在造口护理市场的立足理由并不十分清晰。问题并不在于康乐保公司的员工不知道该如何解决问题，相反，几十年来，公司的技术一直都走在行业最前沿，并且始终拥有一支专事创新的研发团队。然而，他们却并不清楚自己究竟应该去解决什么问题。他们需要从意会法的第一阶段开始重新审视自己的工作，即把公司的商业问题重新表述为某种现象。也就是说,康乐保公司的注意力必须从“我们怎么做才能卖掉更多的产品”转变为“我们产品使用者的造口护理体验是怎样的”。

随后，威鲁曼森召集并组建了一支由社会科学研究者组成的团队，由他们来开展第二阶段的工作，即相关数据的搜集。这支小组前往世界各地，与当地的造口患者同吃同住，观察这些患者与他们的朋友和家人如何相处，如何社交，以及最重要是，他们独自待在家里时的情景。此外，研究人员还从600位造口护士那儿收集来许多建议、意见和观察发现。接着，所有这些原始数据都被以视频、日记、照片、诗歌以及其他各种形式原封不动地递交给了威鲁曼森、穆勒以及康乐保项目团队的其他成员。里头没有一张幻灯片。

威鲁曼森说:“结果表明，这次的数据搜集显然比以往的调研有创意得多，也为我们带来了更为‘真实’的结果。通常，调研的结果都是以那些经典的图片和表格形式呈现的，这些东西到了最后很可能产生不了任何意义。而在意会法的过程中，我所看到的一些材料是那么原始，我可以拿起一叠照片或者几本日记，一张一张、一页一页地仔细翻看，逐一去感受它们。那些照片中的患者身体真令我吃惊，我对着他们看了又看。这类数据资料和数字比起来，有着完全不可同日而语的质地和丰富性。”

就这样，康乐保公司的员工也十分热情地投入到意会法的过程中。然而，想要产生洞见，或者想要找到梦寐以求的市场观点，并非是件一蹴而就的事情。对于这个过程，威鲁曼森是这样说的：

> 要处理好这类工作，就必须将自己充分融入所面对的数据中，身临其境地体验那些数据所勾勒出的情境。假如你觉得你手头的数据意思明确，一点儿也不令你感到困惑，那么显然你还没有真正地融入进去，你还需要再对着它们多坐一会儿，多感受一会儿。
>
> 要看遍所有这些不同来源的数据并从中提炼出一个观点或者一种解读，分析者的判断力和分析力缺一不可。这几乎成了一个审美过程。你必须调动起不同的知识和情感，你的经验、你曾受过的专业训练以及你独有的个性，这些方面都得起作用，一点儿也不假。在对手头的材料做判断、下定论之前，你是否花了足够多的时间去体验这些数据？

由威鲁曼森、穆勒及同事所组成的康乐保团队就要启程了。他们加入了专业研究者团队的行列，一同沉浸到那些资料和数据之中，去体验那些造口患者的真实生活。他们所要做的是努力放下所有先入为主的观点，去重新反思造口护理这一现象。这并非一件易事，尤其是对那些受过专业的线性问题解决训练的人而言。

威鲁曼森告诉我们：“一开始，我是很缺乏耐心的，我满脑子尽想着要尽快得出一个观点来。甚至在我们开始小组讨论之前，我的脑子里已经形成几个结论了。专业研究人员不得不对我发出警告，‘等一下！等一下再得出结论，一步步来，先看看……’结果表明，允许自己一步步地慢慢探索，真的可以带来巨大的好处。”

有些患者表达出沮丧和挫败的情绪，而另一些则提到了羞耻或难为情。有一位患者谈到了他第一次将他的造口袋展示给他的新伴侣看时的情形；另一位患者则详细描述了丈夫为她造口护理时，两人之间的亲密关系。很多人都提到了那一类最可怕的经历，当他们在一些重要的场合，譬如婚礼、会议或课堂上，忽然意识到自己的造口袋渗漏了。

深入研读数据的阶段，可以让研究人员仔细体验、理解具体患者并从中看出问题。研究人员从中得出的看法是主观的，但并不狭隘，但这样的看法从分析角度看依然不太能站得住脚，不足以从个体放大到整体，无法应用于更大的数据组。因此，在对原始数据进行了一段深入而丰富的探索之后，就应该跳出具体情境的层面，进一步去搜寻和辨识出一些通用的模式来。这就是我们的第三阶段：找出通用模式。和自然科学领域的做法一样，我们手头的这些数据也必须先后经过分析、合并，归纳出几套模式，得出一个观点来，才会变得有意义。

我们将在第 6 章具体介绍一位名叫吉纳维芙 · 贝尔（Genevieve Bell）的人类学家。贝尔是英特尔公司影响力最大的一位社会科学家。她曾说过，解决问题的方法是否有用、是否有意义，并非取决于数据或数字，而是取决于阐释视角，即找出通用模式并得出关键洞见这一过程。

贝尔告诉我们：“田野调查本身是不需要任何理论作为依托的，随便什么人都可以做。虽然并不是所有人都能做得很好，但是大多数人稍经训练就可以去做。可是，分析的过程却不是能够轻易训练出来的。而假如没有分析，你所得到的只不过是一长篇报道而已。如果只是这样的话，那还不如回到焦点小组访谈上去得了。不作分析又何苦劳师动众呢？所以说，你必须能够运用阐释视角。”

贝尔接着说：“无论你什么时候去什么人的家里采访，都请记住一点，他们没有说的事情和他们告诉你的事情一样重要。他们刹那间的犹豫，他们的肢体语言，居家摆设中他们把什么东西和什么东西放在一块儿，等等，所有这些没有说出来的都有助于你的观察。打个比方，它们能使你得出这样的发现：‘这个人说他很喜欢你家的产品，但是当我们打开他的抽屉时，却发现唯有你家的产品没有拆封。’所以，他们究竟喜欢的是什么呢？假如你不经过分析就试图回答这个问题，那么你无非是在转述别人的话，当个传声筒罢了。而这么做显然不能帮助你获得任何真实有用的信息。假如人们永远都只说实话的话，世界早就大不相同了。”

即使到了这个阶段，只差临门一脚的阶段，你仍然很可能会犯错或走歪路。其实，犯错是整个意会过程的有机组成部分。在康乐保团队与专业研究团队一起试图搭建起一个能够将不同的观察结果连接起来的模型的过程中，他们就曾一度考虑过“造口患者害怕自己身上的造口”这个理论。

恰如威鲁曼森所说的：“患者害怕自己的造口，这或许是真的，但对我们来说却一点儿用也没有，它并不能真正使我们豁然开朗。一个有用的理论必须能够告诉我们一些我们原先不知道的东西，而我们最初得出的一些见解显然无法解释任何事情。”

穆勒说：“那还不是茅塞顿开的时刻。虽然从理性层面上说，这些见解可以给到我很多思考，但是我更需要的是从中感受到些什么。”

模式识别阶段或许能比之前的阶段向我们揭示更多的真相，形成一些相互之间能关联得上的较大的区块或主题；但离真正的清晰可行，尚有一定的距离。

回忆起当时的情形，穆勒说：“从原始数据中，我们可以看到很多护士都会说，‘没有完美的产品，因为没有完美的患者’，或者‘这款产品很不错，但并不是对所有人都合适’。我们已经知道解决问题最关键的钥匙就在那里，但就是摸不到。‘没有完美的产品’？这究竟是什么意思？是不是意味着我们得为大约200万名造口患者开发200万种不同的产品？这显然是天方夜谭，那么我们究竟在讨论些什么呢？”

尽管听起来有些违反直觉，但往往正是在这个较为后期的阶段，我们会遭遇最大的困惑。我们想要寻找的主题和模式都已隐约可见，这儿一块，那儿一块，只要全部拼起来就是答案了，但就是拼不到一块儿去，就是还缺一个提纲挈领的理论或阐释我。这种感觉就像是在看一张失焦的照片。所有的元素都包含其中，但你仍然需要那个核心洞见来帮你对准焦距，让一切变得清晰可见。

那时，康乐保团队的成员们所经历的正是这个不确定的或者说失焦状态。不久之后，那个关键的洞见终于对他们显现出了真实的模样：人体各有不同。一直以来，康乐保的研发团队就一心扑在含先进技术的高分子聚合材料和粘合剂的开发上，但是所有这些包括了一切可能的性能噩梦的革新，都没有解决最核心的问题。直到此刻，康乐保团队才真正意识到，那些使用造口袋的患者的的确确是有着不同体型的。他们有着各种各样的手术刀疤和鼓包，有些患者术后体重会出现大幅下降，而另一些则会增重不少。正是这些身体上的差异导致了那些关于造口袋贴合程度和渗漏问题的抱怨。康乐保的研发团队所采用的是技术导向的革新方式，一直以来，他们都是在为完美的身体设计产品。你可以自行脑补一下那些商店橱窗里所展示的人体模型。然而在现实生活中，真正的造口患者在体型上差别很大。

穆勒回忆道："疝气患者往往会肚皮肿胀，所以普通造口袋一般很难固定住。但是，疝气患者在人数比例上只占整个造口市场的20%。之前，我们一直都只关注剩余的那80%的市场。而一旦我们明确了'人体各有不同'，立刻就意识到，真正的市场中并不存在什么80%和20%。因为人体各有不同，所以小众市场就是主流市场。"

威鲁曼森进一步详细阐述了穆勒的话：

> 整个造口袋行业都在谈论杜绝渗漏的问题。但我们并没有太把它当回事，因为我们认为康乐保早就把渗漏问题给解决了。也正是因为如此，我们的许多革新都在围绕着其他不那么重要的方面进行，比如减轻噪音、隔绝气味，或者改善造型，等等。这次的研究对我们来说简直就是当头棒喝：我们根本就没有解决渗漏问题！而且没解决这个问题的不仅仅是我们，市场上没有一家企业真正做到了杜绝渗漏。这真的太令人震惊了，想想看，一个数十亿美元的产业声称早已解决了最基本的问题，然而当你真正近距离审视它的时候，却发现他们，我们，我们所有人都并没有做到。我们不得不回到起点，重头开始思考这个问题。
>
> 于是，我们发现答案就在眼皮子底下：人体各有不同。我

们终于明白，我们所做的一切工作都必须围绕“合身”这一点。从那一个时刻开始，一切都连上了，都顺理成章了。这个答案是如此昭然若揭，如此无懈可击。简简单单6个字，使一切都有了方向，有了逻辑。有了这个答案之后，我们终于有信心从头审视我们的产品线了。从许多方面来说，这个答案给了我一个基础，让我能够引导员工彻底改变看待产品革新的角度。过去，他们是从判断和区分好与坏出发的，而今后，他们得从用户关怀角度出发。

这就是康乐保团队的意会时刻。

刹那之间，所有零星的碎片都拼到了一块儿，所有失焦的事物都对上了焦。相比单一视角的观察所得，康乐保团队最终得出的那个关键洞见更容易被实施，更具重复性，能被更多数据所证实，也最能够说明更为普遍的问题。最重要的是，在得出了这个洞见之后，康乐保团队终于可以进入到最后一个阶段，即建立企业的商业影响力阶段了。

回忆起当时的情形，穆勒说：“当我们进一步从这个洞见中提炼出‘人体各有不同，而我们的产品却很单一’的观点时，我真真正正感受到了它的威力。有了这个洞见，我就能够采取行动了。我觉得终于可以推动一些事情，并且动员我的员工去做出改变了。”

于是，康乐保公司开始着手按照不同的体型建立类别。他们实施了一项用户体型研究，邀请1 000名造口患者从不同的角度拍摄自己的身体，并将照片传送到康乐保公司。在对这些照片进行了详细的研究之后，康乐保设计团队的成员们将用户的体型分成了几大类。就这样，公司不必为几百万个不同的用户度身定制造口袋，而只需要针对几大类体型设计几套产品就可以了。今天，康乐保的产品正是专门为解决几大类体型所特有的性能问题而设计的。性能噩梦的日子一去不复返了，再也没有什么高精尖黏合剂或者前沿科技橡胶了。如今的产品线上只剩下了几款精选产品，而它们无一不是针对某一种体型大类而设计的。

穆勒告诉我们："或许是第一次，员工们能够清晰地感受到为什么要从事造口袋护理行业了。在法国举行的销售大会上，当我们首次宣布'合身'概念和体型大类时，会上所有的人都不约而同地起立鼓掌。假如你想到了一个好观点，是很容易让人们为之振奋的。"

当威鲁曼森和团队找到了关键洞见时，他们真正发现的是公司在市场上有意义的定位，也就是他们自己所说的观点。康乐保的产品设计不可能同时解决所有的问题，因此他们选择去解决最重要的那个。

下一章我们将会介绍英特尔和阿迪达斯这两家企业，是如何使用人文科学的理论框架为整个企业建立起有意义的定位的。对于这两家企业而言，意会时刻导致整个企业文化都发生了剧变，影响了公司的一切大小事务。现如今，英特尔和阿迪达斯使用不事先设限的探索去解决问题已成为一种常态，这种企业文化上的根本性转变可以视作整个商业界范式转移的典型案例。我们将这个新时代称为"视角导向型革新"①时代。

① 通过判断事情是否对企业很重要并且有意义，即对事情进行所谓"意义上的区分"来进行革新。通过一系列"意义上的区分"，就会形成一个视角。这个视角不仅决定了企业的使命，也是企业拓展思路、规划策略、设计产品等一切活动的指导思想。

06

企业战略：英特尔与阿迪达斯，视角导向型革新

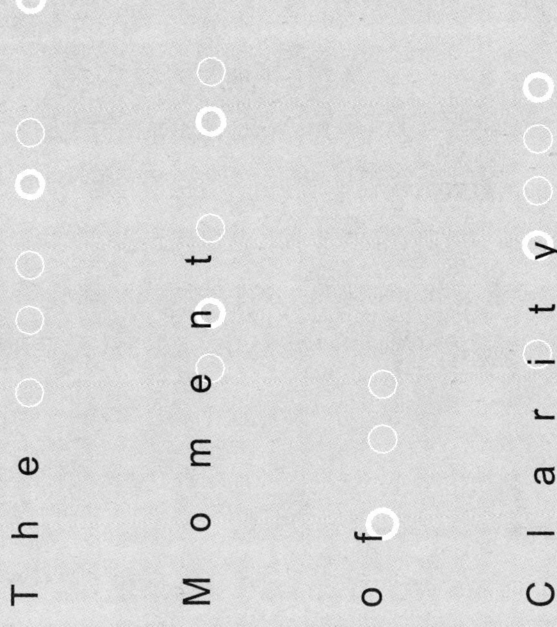

本章我们将介绍英特尔和阿迪达斯这两家大相径庭的公司，是如何运用视角导向型革新方法的。计算机行业最出名、最具影响力的社会科学家吉纳维芙·贝尔正在英特尔公司内部引领一场革命。在她坚定不移的努力下，英特尔公司经历了一场基本理念上的剧变，从一家以技术为导向的创新型计算机企业转变为一家注重用户体验的企业。为了能够同时向企业内部员工以及外部消费者阐释清楚这种全新的视角和定位，贝尔不得不拿出她人文科学武器库中的所有看家本领，从民族志到现象学到模式识别……贝尔的愿景是塑造英特尔的未来，我们也可以从她所经历的一切中看到，任何企业要想在战略上做出大规模的改变，都必然会遇到些什么样的阻碍。

与此同时，阿迪达斯公司运动表现部创意总监詹姆斯·卡恩斯（James Carnes）面对的则是一项截然不同的挑战。在2004年之前，阿迪达斯在市场上的表现都似乎非常成功。产量和销量逐年攀升，股东们赚了个盆满钵满。然而，这家公司也遇到了一个大问题：丢掉了阿迪达斯的血统。如果说英特尔的任务是找寻未来的定位，那么阿迪达斯则必须向过去寻根。尽管在今天的阿迪达斯公司里，像卡恩斯这样的高管几乎个个都对品牌创始人阿迪·达斯勒（Adi Dassler）知道得不少，但是直到他们亲眼看到达斯勒的战略愿景，才意识到公司已与达斯勒的想法相去有多远。在发现达斯勒亲手写的笔记后，阿迪达斯公司不事先设限的探索之旅亦达到了顶峰。阿迪达斯在成功重建与消费者联系的同时，也为股东带来了数十倍的利润。

英特尔，计算机的未来在于体验

英特尔公司是全球最大的半导体芯片制造商。20 世纪 90 年代末，公司成立了一个小型研究部门，叫作“人类与行为研究实验室”。这个实验室由一群社会科学家组成，包括若干位文化人类学家、认知心理学家以及语言学家。这些社会科学家的使命是运用他们的专业知识和理论工具，帮助英特尔公司从一家以工程和技术为导向的公司转型为以真实用户的需求和需要为中心的企业。在仅仅 10 年之后的 2011 年 9 月，英特尔时任首席执行官保罗·欧德宁（Paul Otellini）正式向公司全体员工宣布，计算机的未来将不再围绕个人计算机，而会是移动电话、嵌入式设备、平板电脑、数据和云计算。在这次关于企业未来方针的重要讲话的最后，大屏幕上秀出了一张巨大的 PPT 幻灯片，上面写着这样一句话：“计算机的未来在于体验。”

一间小小的研究实验室是如何推动英特尔这样的技术巨头做出如此判断精准、具有前瞻性思维的改变的呢？假如你以为，那一定是事先经过了精心的流程导向研究才得出的策略，那你可就大错特错了。接下来，就让我们从另一个角度来看一下英特尔公司的这一段经历。

人类与行为研究实验室

在今天的英特尔公司，身为互动与体验研究小组负责人的吉纳维芙·贝尔是一位声望最高也最具影响力的社会科学家，也是计算机行业最受人尊敬的思想家之一。但在当年，1998 年那会儿，她还只是一名在斯坦福求学的澳大利亚异乡人，还在为她的文化人类学博士学位而苦苦奋斗。一天晚上，贝尔来到帕罗奥多市安慰失恋友人。她俩一块儿出门想来上几杯烈性酒，好教那位朋友可以忘掉伤心事。当时，40 多岁的贝尔极富个人魅力，她坦诚率直的性格非但不会冒犯他人，反而招人亲近。贝尔本人形容她的这一特点为“典型的土澳性格”。

回忆起当晚的情形，贝尔告诉我们说：“有个人跑来想‘钓’我的朋友，而我自然就不得不和跟他一起来的那个家伙大谈特谈啦。那个家伙问我是干什么的，我告诉他我是个人类学家。他说，人类学家能干些什么？于是我只得对他解释，研究，教学，总之不外乎那一类好事。他接着又说，‘我觉得你这人看上去挺有意思的。’我说，‘无意冒犯，可我觉得你挺没意思的。’”

结果，那个家伙居然是一名硅谷的企业家。当时，他正无畏地开始他的第三次创业。第二天，贝尔在家接到一个电话。竟然是那个家伙！原来，他打遍了海湾地区每一位人类学家的电话，终于找到了她。

贝尔接着告诉我们：“他在电话那头对我说，‘我想给你提供一份工作。’我说，‘可我已经有工作了呀。’他接着说，‘我想给你提供一份更好的工作，因为我依然觉得你挺有意思。’于是我说，‘好吧，可是我依然没觉得你有意思，而且现在我越来越觉得你是个怪胎了。’”

最后，那个家伙还是靠着“免费午餐”赢得了贝尔的同意。毕竟，“免费午餐”这四个字听在刚拿到博士学位的人的耳朵里，简直就像音乐一样美妙。就这样，贝尔去参加了一个会议，而这次会议最终成了她整个事业生涯的重要转折点。尽管在那次会议上她的一些观点确实赢得了那个家伙的同事们的赞叹，但最终录用她的却是英特尔公司旗下一个名字十分有趣的研究部门：英特尔结构实验室。这个实验室远在俄勒冈州西北部的波特兰市，距离硅谷以技术为导向的文化十万八千里。

贝尔说：“我的直接上司是位女士，她叫克丽丝·赖利（Chris Riley），是位心理学家。她来英特尔之前曾经在贝尔实验室工作过。在英特尔，她所负责的的小组名叫‘终端用户导向概念小组’。我第一次从她那儿听到这个名字的时候，不得不坦白告诉她，我完完全全不知道那是什么意思。我们很快给它想出了个新名字，于是就有了现在的‘人类与行为研究实验室’。”

这个小组所做的事，对于整个英特尔公司来说都有点儿奇怪。在贝尔入职的时候，赖利手下的 8 个人中有 6 个拥有社会科学领域的博士头衔。相较于英特尔的硅谷总部，赖利的部门可要随意得多。在波特兰，早晨 9 点你不会看到硅谷总部那著名的“理工男齐步走”的场景：成群的理工男衬衣口袋里挂着插满了笔的口袋保护器，下半身穿着肥大的卡其裤，鱼贯涌进办公大楼。波特兰的社会科学家们可大不一样，他们常常只穿条牛仔裤，趿拉着一双凉鞋就大喇喇跑来上班了。更重要的是，贝尔头天上班就被清楚地告知，所要做的和工程技术没多大关系。他们所负责的是研究人们究竟是如何体验技术的，也就是说，人们在日常生活中，在工作和休闲的时候是怎样用到技术的。但是赖利的实验室，甚至它的上级单位英特尔结构实验室，都无法向贝尔清楚描述他们究竟想要找寻些什么。

回忆起当时的情形，贝尔说道："他们也不知道自己为什么要雇我。但是实验室创建人克雷格·金尼（Craig Kinnie）知道这个世界正在发生变化。在当时，1998 年，个人电脑正在进入千家万户。而研究者们很清楚，自己对家庭所知甚少。除此之外，他们也预感在不久的将来，英特尔会去开拓全球市场，却完全不清楚这意味着什么，也完全没有头绪。总之一句话，他们对于自己所不知道的事情知道得非常清楚。而雇用社会科学家就是他们的应对方式，他们雇我们这些人来的目的，就是让我们帮助他们获得一些未知领域的洞见。"

从贝尔的描述中我们可以看出，在当时英特尔公司，最具有前瞻性思维的管理者已经意识到公司正要驶入一片迷雾之中。人们对于电脑界面的看法和使用电脑的行为即将发生翻天覆地的变化，而这必将对计算机产业的现状形成巨大的冲击。尽管英特尔公司的技术依然处于世界最前沿，但没有任何迹象表明市场愿意追随他们的这些技术革新。

贝尔继续向我们介绍她当时所经历的事情："在我入职的第一天，我的新老板就对我说，'我们需要你在两件事情上做出些贡献来。第一件事是女性。'于是我问，'哪些女性？'她说，'所有女性。'我又问，'你的意思是全世界 32 亿女性？你们想知道她们的哪些事？'她说想知道女性会有什么样的需求。然后，好像是嫌那还不够我忙似的，她又继续往下说，'还有第二件事。'我忍不住暗想，难道是'男性'吗？她说，'我们想要了解的第二件事是 ROW。'我说，'ROW 又是什么？'她说，'the rest of the world（其他国家）。'于是我重复了她刚才的要求，'你们想要我帮助你们了解女性以及除美国之外所有地方的所有人。'她说，'没错。'"

尽管贝尔新老板的这两道指令听上去让人丈二和尚摸不着头脑，但它们确实反映出了英特尔公司在未来几年中想要涉足的未知领域。比方说，英特尔公司究竟应该为全世界各地正在崛起的中产阶级设计完全相同的产品呢，还是应该做些本土化的工作，针对每个国家甚至细化到地区来设计产品？为了回答此类问题，英特尔公司需要从各个层面去了解用户的体验。必须得从它那引以为傲的尖端技术开发中腾出精力来改进公司的创新流程，把消费者需求也给考虑进去。

贝尔和同事们从容不迫地接下了这个挑战。“我们几个人坐下来讨论了一会儿，决心要改变整个公司的企业文化。”贝尔说，“我们甚至还立了军令状。那意味着，人类与行为研究实验室必须要比公司的管理者出更多力。不过我们也都相信，只要我们足够努力，最终管理者会加入到我们的行列中来，一起把事情给继续推动下去。”

就这样，1998 年，在远离公司总部十万八千里的这个小型研究前哨，不到 10 位受过人文科学训练的分析员正式接受了英特尔公司的委派，试图着手改变这家足有 6 000 名员工的大公司的企业文化。他们承诺，将从有关人类体验和企业文化的民族志数据出发，努力推动这次革新。凭借丰富的人类学经验和知识，贝尔和同事明白，想要搞清楚英特尔究竟应该如何培育新兴市场，就必须首先搞清楚英特尔与其自身的关系。在他们开始整改企业文化之前，必须先对这套文化进行分析解剖。

于是，贝尔和同事们开始用意会法进行研究。首先，他们必须用某种现象来表述他们的问题。于是，“英特尔公司的企业文化与社会科学有什么区别”，被重新表述为“我们有何共同之处”。

正像贝尔所说的："在社会科学和人文科学领域，我们受的训练使我们能够在心里暂时保留意见。我们不认为必须要尽快解决问题。与我们不同的是，在工程技术领域，所谓的探索目的只有一个，就是找出最佳的解决方案。管理学的情况也差不多，商业领域的问题要么和工程技术有关，要么就是基于凯恩斯主义或自由主义经济学。而这两种经济学理论所强调的都是'人是理性的行为者'。根据定义，'一个理性行为者[①]总是会做出最优化的选择。'可是，我们现在都知道，人并不总是能够做出最优化的选择，更不可能始终保持理性。"

在运用人类学和分析性的眼光审视了英特尔的企业文化之后，贝尔和同事们对他们手头的任务有了更深的了解。他们所要做的是改变管理者的思维方式。在谈及人类学家和当今的企业领导者之间的共同点时，贝尔这样告诉我们：

> 在英特尔这样的企业当管理者所必须具备的素质还真令我挺震惊的。其中有一点和我所接受的社会科学方面的训练颇为相似，那就是他们也必须把越来越多的、相互冲突的情况同时记在脑子里。身为一名管理者，你必须能够把公司今天所面临的情况和10年之后可能面临的情况都同时记在脑子里，而这两者之间往往存在矛盾，难以协调。除此之外，你还必须把不同市场的情况也都一并记在脑子里。要知道，不同市场的成功法则很可能是完全不同的。
>
> 就拿汽车行业来说，在美国，你设计汽车的时候必须得考虑一系列会影响环境的因素，譬如油耗问题、排放问题。对于像

① 理性行为者在一个经济体系内所追求的目标能够体现自身认定的自我利益。并且，他的偏好始终稳定不变。如果让他自行决策，必将选择具有最高期望效用的选项。

英特尔公司的这些从工程文化里走出来的高级管理者来说，要协调好这一切实在太难了。他们所接受的教育告诉他们，任何不和谐、不一致的地方，都必须通过设计从源头上解决掉。在他们看来，“答案只有一个，而我们绝不能选错”。

挣脱摩尔定律的束缚

贝尔和同事们在解读完从企业文化中所收集来的大量数据之后，终于意识到正是英特尔引以为荣的传奇过去成为束缚公司前进的包袱。他们深入研究了一些已被写入英特尔企业基因的神话和故事，意外发现，英特尔的创业故事，即戈登·摩尔（Gordon Moore）和他那著名的摩尔定律，正在误导公司的创新方向。

贝尔解释道：“摩尔定律告诉我们，半导体的体积会越来越小。但它并没有告诉我们，人们将会怎样利用这个变化，或者为什么终端消费者应该对它感兴趣。而现在，对于我们所有人来说，越来越明显的一件事就是，消费者根本不关心我们所关心的问题。那么，当我们在叙述我们的故事时，他们就不一定会和我们处在同一个频道上。”于是，贝尔发现她所面临的问题是，英特尔要怎样开始书写新的叙事，少放一点注意力在半导体上面，多放一点注意力在识别消费者所在乎的事情上面。贝尔所面临的最大挑战莫过于帮助英特尔讲述一个新的故事，这不仅牵涉对外宣传，也包括对企业内部员工的教育。她把这一过程比作“针对企业的叙事谈话疗法”。

贝尔继续道：“可你要怎样重塑你的创业故事，才可以做到既能推动创新发展，又能保留传统中的重要部分呢？只要对公司诞生的创业神话做非常微妙的调整，就足以把对话往很有意思的方向推进。这其实也是从不同角度看待企业是如何陷入困境的。”

贝尔和同事一方面研究英特尔的叙事和领导力，另一方面以不事先设限的方式，分析公司里的一些日常规范和惯例。传统的人类学家在研究某个偏远地区的农业社会时可能需要搞清楚他们的收获周期，或者在研究某个小渔村文明时需要记录下村里人庆祝满月时的场景。类似地，贝尔和同事们也需要从英特尔公司的各种琐碎的预算时间表和战略启动报告中收集数据。慢慢地，他们就对英特尔公司内部的权力杠杆知道得一清二楚了，包括谁是决策者，谁是影响者，哪些会议是真正重要的，哪些规则是可以通融的，而哪些则是绝对不能打破的，等等。在了解这些事情之后，贝尔等人很快就得出了一个对他们而言可能是最重要的见解。贝尔说：“假如你想在商业和社会科学之间建立一条纽带，你就得采取行动。你既不能缴械投降，也不能放低标准简化你的要求，而是要用管理者能够理解的方式去与他们沟通。而且，你一定要能百折不挠、不厌其烦地对他们一遍一遍、一遍一遍地说，说上一万遍。”

“人类行为研究实验室”最早的那批成员与英特尔公司技术导向型企业文化之间的最大分歧也牵涉了属性与特性之辩，以及关于经验性的数据和它们具体应当以如何记录和体验的争辩。

一开始，英特尔的高管们完全不知道该拿贝尔和她的同事们的工作成果怎么办。贝尔告诉我们：“最开头的那几年，我们几乎把所有的时间都花在了教导管理者如何评估我们所做的事上面。尤其是第一年，我们每一次做报告都是以这样的自我介绍开始的：‘这就是人类学’‘这就是民族志研究’‘这就是你们为什么应该关注的原因’，等等。结果，无一例外总会有人跳出来问：‘你们的数据组有多大？’于是我们就得对此作出解释：‘您这个问题问得不对。’假如他们还是尽想着‘我们的样本数有多大，是不是大于 1 000？’那么只能说明他们根本就没在好好听我们讲话。要想真正理解我们所做的事情，那些数字对他们来说毫无帮助。”贝尔的诉求是无法被量化的，她是在向管理者解释如何换一个角度，如何从人文学科的角度去看待创新这个问题。鉴于这个原因，她使尽浑身解数找寻一个合适的方法，能让这些出身技术导向型文化的管理者领会她所提供的那些完全不同的数据的丰富性。

时间来到了 2004 年，经过贝尔等人整整 6 年的不懈努力，终于使英特尔这架大油轮出现了改变航道的迹象。这一年，贝尔终于有机会出席英特尔公司的顶层战略规划大会了。在会上，她起身演讲，力劝公司的高层管理者们运用消费者体验来推动创新。

回忆起当时的情景，贝尔这样说道：“我开始陈述自己的观点，而底下没有任何人出声。当天我的发言时间是 45 分钟，我准备了大约 30 分钟的发言材料，因为一般总要留出一些提问的时间。但是，直到我讲了 15 分钟的时候，还没有任何一个人插进来问一个字。也没有任何的眼神交流，什么都没有。我就自己一个人一边翻着幻灯片，一边暗想，‘这可真是糟透了……’然后，非常突然地，保罗·欧德宁抬起手示意我停一停。欧德宁当时是下一任首席执行官的热门候选人。我紧张得呼吸都快要停止了。他说，‘吉纳维芙，你能不能返回到上一页，再解释一下刚才的那张幻灯片？’我说，‘好。’然后一下子，整个房间的气氛都变了，每个人都坐直了身子。他们一定在想，‘好吧，既然下任首席执行官都在专心听她说，看来我们也该好好听一听了。’”

于是，在接下来的时间里，贝尔没能继续按部就班地讲完后面的内容。

实际上，她不得不为了应付扑面而来的一大堆问题而一下子切回到了第二张幻灯片。在发言的最后，她说出了自己对于英特尔未来的愿景："假如英特尔要继续做一家平台公司，就必须以用户体验为导向，而且必须从这一刻就开始找出办法来做到这一点。"

在茶歇时间里，贝尔几乎都没机会从座位上站起来。一众高管把她给团团围住，急切地想要继续先前的讨论。

"第一个提出问题的是消费类电子产品部门的负责人。他说，'你刚才说的话可当真？'我说，'那当然。'他又说，'很好！我需要你。我要做你刚才所说的事情，你什么时候能开始？'这时候另一个人插进来说，'我的级别比他高，我也要这么做。我需要你先来帮我们部门做。'然后又一个人说，'你这就要跟他们走了？别急别急，你先跟我来，先来帮我们部门！'"

贝尔去见她的老板，告诉她英特尔如今总算做好"改变"的准备了，是时候让他们这群人文科学的步兵全面渗透到公司的各个角落去了。就这样，贝尔离开人类与行为研究实验室，与其中一个部门的主管一起开创了一个新的小组，并招募了 20 名研究人员。实验室的其他成员跟着贝尔一起离开了波特兰的办公室，搬到了圣克拉拉的公司总部。

6 个月后，克雷格·巴雷特（Craig Barrett）最后一次以英特尔首席执行官的身份出席公司会议。他邀请贝尔再来讲一次她曾在战略规划大会上作过的发言。这一次，与会人员数量更少了，只有 300 名全公司最重要的决策者和管理者。

贝尔回忆道："在我发言之前，克雷格先站起身来，告诉全会场的人，'我要求你们好好听这位女士的演讲。她的口音可能很奇怪，她的想法可能和我们这儿的其他人都不太一样，但是她代表了我们公司的未来。所以都给我好好听。'"

阿迪达斯，"运动员"与"消费者"

在本书的开头，我们曾介绍过一位在迷雾中摸索的管理者。在一次例行的战略会议上，他发现自己不得不直面"瑜伽算不算一项运动"这样一个问题。而这个问题又使他进一步提出了更多的问题——我们究竟在这里做什么？我们对自己的定义是怎样的？我们究竟在从事什么样的生意？

这位高管正是阿迪达斯公司的詹姆斯·卡恩斯，他在德国黑措根奥拉赫的阿迪达斯总部工作，但他的办公楼与总部的主楼之间有一些距离。因此，每当他穿过两栋楼间的那块场地时，总会注意到四处陈列着的物品，有各领域运动健将赢得金牌的照片，一双沾满了奥运会赛道上泥土的跑鞋藏品，还有 1950 年的原版桑巴足球鞋，那是第一款使用了阿迪达斯标志性三条白线装饰的运动鞋。

达斯勒的梦想

阿迪达斯创始人阿迪·达斯勒的人生故事颇具神话色彩。[1] 最初，达斯勒是一名经验丰富的修鞋匠。他有一个梦想，那就是为自己非常崇拜的英雄运动员做鞋。达斯勒本人就是一名运动爱好者，因此能够很容易把自己放在体育明星的位置去思考问题，想象不同的运动员在不同的场合，譬如网球场、足球场或田径赛道上的不同需要。1936 年，达斯勒找到当时世界级田径运动员杰西·欧文斯（Jesse Owens），专门为他设计了一双跑鞋，并亲手打上了鞋钉。欧文斯穿着这双达斯勒为他度身定做的跑鞋亮相柏林奥运会，一举将 4 枚金牌收入囊中。自此，阿迪达斯品牌开始了与精英运动员长达半个多世纪的合作。这种合作关系如今早已人尽皆知了。在与阿迪达斯合作过的形形色色的体育明星中，不乏拳王穆罕默德·阿里（Muhammad Ali）、足球巨星弗朗茨·贝肯鲍尔（Franz Beckenbauer）以及齐内丁·齐达内（Zinedine Zidane）等人的身影。阿迪达斯那标志性的三条白线一路陪伴着这些运动员步向各自职业生涯的辉煌顶点。

然而，当时间来到 20 世纪 90 年代末，阿迪达斯在未来的发展方向上开始有些找不着北了。在这个时期，阿迪达斯经历了一系列与其他运动装备公司的合并，这意味着公司在为股东创造价值方面面临着巨大压力。过去，达斯勒对于做工方面的要求几近苛刻，他坚持保留一部分手工工序，在现场设立专门的手工车间，由专门的工匠负责皮革的加工和鞋模的制作。而如今，公司早已将绝大部分生产工作外包给了亚洲工厂，这自然就不可避免地伤害到了阿迪达斯产品的做工。另一方面，像耐克这样的行业新贵的插足，也使得阿迪达斯与精英运动员之间的合作关系变得不再独一无二。这些悟性极佳、有样学样的后起之秀各显神通，竟也能拿下像迈克尔·乔丹这样的篮球界巨星的商业合同。

最初使卡恩斯感觉阿迪达斯这艘巨舰正偏离航线的，是公司内部士气出现微妙躁动。他告诉我们："那个时候，公司还相当赚钱呢。在美国市场，我们始终是销量排名前五的运动品牌，但是我们知道，我们忽略了一些东西。是分销渠道吗？还是需要投放更多的新产品？又或者，是不是每一季都得说一个新故事？我们不断地提出问题，而所有这些问题最终都将我们领回到了消费者的身上：他们到底想从我们这儿得到些什么？"

那是在2003年，当时阿迪达斯的创新活动全都围绕在两个方面，一是保持技术领先，二是在功能和外观方面改良运动鞋的设计。产品研发的整个流程就是一张简单的闭环图，仅在阿迪达斯产品开发小组和专业运动员之间有互动。可以说，阿迪达斯仍遵循着延续了几十年之久的假设：为最优秀那5%的运动员开发产品；至于普通大众，当他们看见自己的偶像穿上我们的产品时，管它是足球鞋、篮球鞋还是网球鞋，这些人就会立刻跟风购买，从而构成了我们95%的销量。

毫无疑问，和其他企业一样，阿迪达斯也有一大堆消费者数据。他们从中可以很轻易地看出：一名14岁的男孩每周大约有多少小时是花在运动上的，他最喜欢什么颜色，他的运动偶像是谁，他（以及他的父母）每年花在运动装备上的消费大概有多少，以及和其他竞争品牌相比，阿迪达斯品牌实际上可以占到几成的市场份额，等等。阿迪达斯一点儿也不缺消费者信息。当然，这里所说的信息是指属性，而非特性。甚至公司内部谈到这些属性时，还给它起了个专门的名字："小孩儿"。譬如，他们会说："这一季小孩儿想要些什么？"

可是，总有些东西让卡恩斯心神不宁。当他在走在街道上，会看到有人在慢跑，有人背着健身包去健身房，有人骑着山地自行车，还有人手里提着瑜伽垫。这些人看上去都有着十分积极的生活方式。尽管如此，卡恩斯却看不出他们对哪一项运动情有独钟。他们没有加入任何组织，既不属于什么球队也不参加什么俱乐部，似乎也没有什么体育偶像。而且，他们并不是拎着行李出远门，去参加户外运动。这些人把日常锻炼自然而紧密地交织进了他们的城市生活之中。正因为如此，只要卡恩斯一上街，就总能撞见他们。

运动究竟是什么

为了搞清楚这究竟是怎么一回事，卡恩斯组建了一支研究小组，由他手下的设计师和一些有着人文科学背景的分析师组成。当时正值7月末，可以算是体育用品行业的淡季，因此卡恩斯能让他的小组空出些时间去进行意会法这样的不事先设限的探索。请注意，卡恩斯这次研究可不是筹划了几个月之久的高级别研究项目，也不属于阿迪达斯“年度研发项目周期”计划，卡恩斯甚至都没和公司高层管理层详细沟通过这件事。他仅仅是想尝试一下，看看能不能对这些在城市中进行的“类体育”活动有更深入的了解。在和人文科学分析师聊过之后，卡恩斯也把他的问题重新表述为了某种现象。于是，“我们该怎么卖运动装备”变成了“运动究竟是什么”。

研究小组选定一群这样的人，带着这个问题跟他们相处。经过一段长时间的数据搜集工作之后，小组成员界定出了这样一个群体，他们热衷参加运动，却不会为自己贴上“运动员”的标签。而且，这个群体的人数正在不断地上升。这些人参加体育锻炼，并非为了去赢得什么比赛或锦标赛；他们参加体育锻炼的唯一目的就是活得更好。在2003年，阿迪达斯根本拿不出任何符合这个消费者群体需求的产品来，尽管在之后的10年中，这个细分市场将会成为体育用品市场最大的消费者群体。

意会法帮助阿迪达斯团队揭示出了一系列通用模式。其中有些迎合了阿迪达斯早已有之的某些根深蒂固的观点，而另一些却与整个公司的文化和价值观形成了对立。归根结底，之所以会有阿迪达斯这个品牌，就是因为它的创始人想要为专业运动员提供性能卓越的产品。然而，卡恩斯的这次研究却揭示了完全不同的一点，即这些所谓的城市运动者同样对他们的锻炼服装和装备抱有极高的期望。而且，他们也愿意掏钱购买那些性能卓越的运动鞋、服装和其他装备，只要这些产品能帮助他们在锻炼的时候拿出最佳表现来。是的，到目前为止，一切听起来还不错。

可是，另外一个模式却告诉我们，这群城市运动者对他们的运动服装还有风格上的要求。而在当时，阿迪达斯设计的那些运动装备尽管在跑道上或足球场上表现极为出色，但是穿在身上，却不会令它的消费者看上去特别吸引人或特别时尚。其实，阿迪达斯那时的的确确曾推出某一时尚系列的运动服装和运动鞋，但是设计师在设计这个时尚系列的时候，脑子里所想的是夜总会的场景，而不是瑜伽课堂。然而，绝大多数城市运动者平日里都是在人行道上进行锻炼，所以，他们心里的时尚是在“城市舞台”上的时尚。对于这群人来说，花里胡哨的氨纶服装显然毫无吸引力。尽管当时阿迪达斯拿不出任何产品来满足这个人群的需求，但后来它与英国著名时装设计师斯特拉·麦卡特尼（Stella McCartney）联手打造出了都市运动装备系列，成功地改变了这一点。

最后，非常明显的是，这些城市运动者将自己的日常锻炼交织在一个更宏大的主题之中。他们之所以跑步、骑山地车、上健身房或者做瑜伽，都是为了过一种更为健康的生活。他们也同样热衷于吃他们认为健康的食物，计算每日的咖啡因和其他物质的摄入量，以及在各种不同的场合测量心率。他们会找机会对自己的健身目标进行物质奖励，譬如，“假如我今天能做完全部的锻炼计划，就奖励自己吃一块松露巧克力”，或者“哪天我要能穿得上那条刚从减价活动中淘来的小黑裙，我就知道我的锻炼计划成功了”。

2003 年，还没有哪家体育用品公司参与到这样的消费者对话中去。没有哪家体育用品公司会帮助人们找到合适的奖励机制，激励人们保持锻炼；没有哪家体育用品公司会帮助消费者坚持、巩固或加深他们的锻炼习惯；也没有哪家体育用品公司关注到了营养学。另一方面，在那些城市运动者的眼中，这些话题则和日常锻炼一样，都是整个健康大主题中的一部分。而在当时，还没有哪家体育用品公司是能让他们信得过的对话者。

在辨识出这些模式之后，卡恩斯和团队继续努力从中找出关键的洞见来。他们很快就找到了：阿迪达斯需要针对这些城市运动者建立起一个整体的策略，在为他们提供性能卓越并且足够时尚的运动产品的同时，还要能够激励他们持续煅炼。唯有介入有关健康生活方式的对话当中，阿迪达斯才能获得这个消费者群体的注意。那么，阿迪达斯该如何把所有这些零散的点连接起来，达到意会时刻呢？

最终为阿迪达斯解开难题的并不是那些电子财务表格里或一张张幻灯片上的数字。事实上，答案藏在几十年前一张旧手稿上。一天，卡恩斯走进办公室，那张手稿就放在他的办公桌上。那是当年阿迪·达斯勒还在公司的时候亲自口述的原始笔记，由他的秘书一字不差地记录下来。如今，达斯勒的家人拿出这份笔记，分享给了阿迪达斯公司。笔记上这样写着：

> 要引领市场，不要跟从别人的脚步，
>
> 质量与创造力必须并驾齐驱，缺一不可，
>
> 永远尽可能地简化每一道流程，
>
> 阿迪达斯的产品就是集实用性、舒适度、轻量、审美品质于一体，
>
> 我们的产品必须有识别度，能够让消费者一眼就认出这是阿迪达斯的产品。

卡恩斯告诉我们：“有些关于公司本质的东西一下子就把我给击中了。

再大的舞台达斯勒也不曾畏惧过，他不介意当先行者，也敢于做出大胆的尝试，但是在这一切表象的事后，还存在着一个真正的达斯勒。这幕后达斯勒的价值观就是，‘我之所以能够站上更大的舞台，完全是因为我为这些运动员提供了他们真正想要的东西。’”

尽管达斯勒的笔记出现得有些晚了，是在卡恩斯最初尝试意会法的好几年之后，但它的出现却最终使得卡恩斯和团队领悟到了如何才能争取到这些城市运动者。正是达斯勒的笔记把卡恩斯带到了意会时刻：“运动员”和“消费者”并不是互斥的标签！达斯勒的这套标准，从本质上来说也是阿迪达斯公司的生存哲学，为卡恩斯的设计团队提供了衡量他们产品理念的方向和禁忌，告诉他们哪些应该去做而哪些不能去做。假如对于今天的人们来说，城市运动项目与篮球、足球同等重要，那么阿迪达斯就必须能够为这些运动项目提供性能卓越且兼具美学价值的产品。并且，阿迪达斯必须引领市场，而不仅仅是被动跟从这种作为生活方式的新型运动理念。最重要的是，阿迪达斯的每一件产品都必须能让消费者一眼就能认出它是阿迪达斯。

由此我们可以看出，不同的企业在使用意会法的时候，有可能会产生巨大的不同。譬如，在英特尔，贝尔和团队发现英特尔的创业故事如今限制了企业的进一步发展；而在阿迪达斯，创始人的笔记使卡恩斯及整个高级管理层最终得以把所有零散的点连接在了一起。阿迪达斯的使命就是为运动者提供最好的产品，不管他们的运动水平有多高。

这些通过意会法得到的洞见，为阿迪达斯的巨大转型奠定了基础。过去，阿迪达斯将自己定位成一家仅为专业运动员服务的运动品牌，而把普通大众视为第二目标。现在，它转型成了一家涵盖所有消费者的品牌，邀请所有人一同拥有更健康、更美好的生活方式。与此同时，阿迪达斯的广告语也体现出了这个变化。过去，那句著名的“一切皆有可能”所针对的是那些追求运动表现、运动成绩的狂热运动爱好者，而如今这句老少咸宜的“全倾全力”（All In）则面向更广大的受众，而且极具励志色彩。阿迪达斯不再像过去那样只关注传统的体育运动项目，而是涵盖了更宽泛意义上的城市“类体育”活动项目。与此同时，在产品线方面，阿迪达斯依然保持了它始终如一的对产品细节和运动表现的关注。

如今，卡恩斯在他的电脑里常备着一份达斯勒原始笔记的幻灯片，每当他需要灵感时就拿出来看一看。有时，他会把幻灯片投射到他办公室的墙面上，这样他就能看清楚阿迪·达斯勒那些细小却一笔一划都很清楚的字迹：只为运动者提供最好的产品。

通过意会法进行深入、丰富且时常显得凌乱的研究，英特尔和阿迪达斯为全公司找到了新的战略角度。这个探索的过程要求管理者学会与同事进行沟通。比方说，除了完成本职工作，贝尔还成为沟通专家，向其他同事解释她的工作。这两家公司在整个探索过程中所倚赖的数据是极为不同的：卡恩斯和管理团队以开放的心态从达斯勒的笔记中获得了灵感，创始人的标准成了现任管理者在解开谜团的一片重要拼图。最后，贝尔和卡恩斯均需要对他们所处行业正在发生的一些边缘性实践①有所了解。他们必须不断地提问、观察和思考：那里究竟在发生些什么？他们必须首先承认自己也没有所有问题的答案，才能向他们的同事传达这样一种质疑精神。贝尔和卡恩斯事先不带有任何假设地开展探索，真正地用心去体验消费者的世界。

---

① 指那些尚未被主流商业文化或企业现行战略考虑在内的一些实践活动，包括人与人之间，或人与科技之间的各种互动尝试。通过研究边缘性实践，我们可以发现人们尚未得到满足（但有希望被他人或者新科技所满足）的需求，并从中定位未来革新的领域。

贝尔得出结论："最好的人类学家是那些承认自己一无所知的人。每当有哪个部门的管理者来找我们，我们都会告诉他们，要我们干什么都可以。他们往往会带着一个计划、一个项目大纲过来，而我们则会说：'我们现在完全不知道要怎么帮到你，但是我们会去试一下。'我们总是很乐意接受新的挑战，因为对话往往在这个时候开始发生变化。'你正面临一个商业挑战是吗？我们也不知道答案是什么，不过这样最好！让我们试试看吧！'"

当然，这并不是说英特尔和阿迪达斯在迈过了这一关之后，往后就肯定是一片坦途了。假如它们想要继续依靠践行范式转移来保住现有的市场份额，就必须不断地重新评估自己在市场中的领先地位。下一章我们将论领导者若采用意会法，必须具备哪些特点。这样一位领导者除了得接受人文科学的熏陶之外，还必须具备政治头脑、技术专长和多年的经验。尽管并没有简单的教学方法可以培养出这些技能，但所有伟大的领导者身上都有着一些显著的特点。这个特点当然不是必须使自己成为全公司最聪明的人，也不是一定要学会分析数字并从中得出唯一"正确"的计划来，更不是成天把自己锁在会议室或办公室里，将自己隔绝于真实的消费者世界，对他们的体验和行为不闻不问。

07

成为意会者

The Moment of Clarity

假如你碰巧走过美国加州大学伯克利分校的摩西大楼，很可能会看到楼前停放着一台绿色的大众 Karmann Ghia 敞篷跑车，而且顶棚很有可能是敞开着的。伯克利校园里的人们时常会看到这辆车的主人开着他的这辆敞篷小跑车穿梭在校园的主道上，甚至雨天也照开不误。这辆车的主人是休伯特·德莱弗斯（Hubert Dreyfus），他可是当今世界上最重要的现象学专家。

德莱弗斯办公室的布置简单到令人发笑，就是书上叠书复又书上叠书而已。他是研究海德格尔的杰出专家，所以看到许多本用厚厚的橡皮筋扎拢在一起的《存在与时间》并没有什么好奇怪的。另有一整排书架专门用于摆放索伦·克尔凯郭尔（Soren Kierkegaard）的著作。另外，德莱弗斯也勉强承认他对胡塞尔的崇敬。

办公室的窗外不时会传来整点报时的钟声，这里是一个典型的学术角落，但对于一个把毕生精力奉献给哲学思考的人来说，简直就是他的天堂。我们又为什么会来这里呢？我们花了大半本书的篇幅努力论证了一些人文科学的理论，像德莱弗斯这样的人文科学大师还有必要亲自出马吗？他又能为经营企业出些什么点子呢？起码我们认为他真的可以。德莱弗斯在整个学术生涯中都在宣扬一条理念：**人类有别于机器的关键之处在于，能够优化经验，并能够对最相关的问题做出反应。而在所有伟大的企业领导者身上，我们恰恰也都能看到这方面的才能，换句话说，他们在面对问题的时候，都有采取某种视角或采纳某种观点的能力。**

德莱弗斯是曾在1965年向麻省理工学院计算机科学系下战帖的大哲学家。他曾宣称，基于符号系统的人工智能是永远不可能成功的，因为人工智能的算法设计尽管在遵守规则方面可以做到极致，但永远无法像人类一样去推想或凭直觉感知。套用人类学家克利福德·格尔茨的说法，人工智能永远都只能在“浅层描述”的范畴内工作，而完全不具备理解人性“深层描述”的能力。今天，这种说法似乎已成为老生常谈，但在当时，德莱弗斯无疑是个标新立异的家伙。他一辈子从来没有编过程，然而，他的现象学素养和深厚的哲学知识却使他确信，人类最大的财富与能够遵守规则的能力毫无关系。人之所以为人，是因为人有独特的视角和观点，也就是说，我们都有自己特别在乎和关心的东西。再通俗一点，你甚至可以说我们有“不买账”的能力。而正是这种能力使我们能够做出决断，哪些事情最为重要，我们的立场又在哪里。而这一切，恰恰是计算机无能为力之处。

“什么叫相关？此时此刻最为相关的信息就是我正坐在这间屋子里同你们说话。”德莱弗斯这样告诉我们，“至于不相关的信息，则可以是这间屋子的地板上也许沾染有100亿颗灰尘微粒，或者左边那个角落里有两粒螺丝钉，又或者这些地砖每一块的重量约为半斤。”

拥有个人视角和观点，能使我们对重要和有意义的事情做出回应，这正是我们人性中最重要的方面。而假如进一步引申开去的话，这也是商业行为想要获得成功的重中之重。一旦采取了某个视角，即意味着你对事情的重要性做出了排序，哪些事情是相关的、重要的，以及自然而然哪些事情是可以撒手不管的。这就意味着，你会为了某些更相关的事情而放弃其他一些能让你赚钱的机会。这么做当然是有一定风险的，但这种风险恰恰是一切价值定位的实质。我们不可能同时解决所有消费者的所有问题，同样地，我们设计出来的产品也不可能同时满足每个地区的消费者的每个需求。我们所能做的，是对那些召唤我们的声音做出回应并承担因此而来的风险。这就是我们所说的，要选择某一观点或某一视角。正是这种坚持，使我们能够获取商业上的成功。

德莱弗斯总结道："冒险与纯粹蛮干之间的区别在于，我们选择冒险是为了某些我们所致力之事的利益，为了符合我们对自己所作的定义，为了能对我们的生活产生至关重要的作用。愿意去冒这种风险，是任何人想要做成任何事情所必须踏出的一步。"

下面这个"电视机是一件家具"的例子，可以充分说明拥有个人视角和观点的价值。

那是在2005年前后，三星电视机部的管理者正深陷于一片迷雾之中。尽管他们在新产品上加入了一切时下最先进的技术，但三星电视机在市场上卖得越来越差。当时的三星电视机和市面上其他任何一家品牌的电视机基本上没什么两样，包括它的主要竞争对手索尼。所有的电视机包装盒上都贴着宣传标签，告诉消费者这款电视机拥有哪些新的功能和特色，所有样品机的屏幕上都闪着明晃晃的蓝光。曾有一位消费者形容在这种环境下购买电视机：就像去《星球大战》现场走了一遭。和当时的绝大多数电视机制造商一样，三星也一直在向它的消费者传递这样一条信息，即电视机是一件电子产品。

而这恰恰是问题之所在。

尽管三星的管理者尚无法清楚地表达出他们内心对于这条假设与日俱增的不安感受，但他们至少可以确定，有什么事情正在发生变化。他们可以感受到消费者情绪上的转变。当时，消费者对于电视机厂家不停地宣扬他们在工程技术上的突破越来越感到不满意、不耐烦了。厂家当然可以再多贴10张广告标签，说明自家最新款电视机的10种新功能，但消费者似乎再也听不进去了。或许这是因为他们再也不关心这些东西了。

于是，三星的管理层决定启动一项新的研究。第一步，他们重新表述了自己所遇到的问题，将“我们如何才能卖掉更多的电视机”改成了“电视机在家庭中代表了一种什么现象”。接下来，在一组运用人文科学知识的分析人员的点拨下，他们开始搜集观察到的资料。他们发现，人们会把电视机塞在客厅的角落里；女性越来越多地参与到电视机的购买中，并且她们对电视机的外观有许多不满意的地方；消费者还告诉调研人员，他们想要自己家里的物品能永远不过时，包括他们的电视机。

就像转动镜头使景物对上了焦，研究小组的成员们也忽然从中领悟到了一番洞见。随之而来的便是意会时刻了。尽管电视机在工作的时候确实是作为一款技术产品，但是在家庭中，它还扮演着一个不一样的角色：电视机是一件家具。

这番洞见既显而易见又振聋发聩，立即使三星的管理层对电视机的现象有了更为深入的理解。接下来，三星开始根据这一新观点重新设计电视机。消费者并不想往家里带《星球大战》，他们想要的是杰出的家居设计所带给人们的那种永不过时的感受。与此同时，他们也要求电视机能够配备最好的科技。注意，是最好的，而不是所有的最新科技。

后续步骤就相对简单多了。如果你想对杰出的家居设计有所了解，那就得去斯堪的纳维亚向家居设计的大师们学两手。三星团队正是这样做的。公司领导者组团远赴斯堪的纳维亚报名参加了当地的设计速成班。他们与来自斯德哥尔摩、哥本哈根和赫尔辛基的家具设计师们合作，重新审视了传统电视机屏幕散发出的那种明晃晃的刺目的蓝光。最终他们决定，要把它改成一种温暖、柔和的间接光源，能让人联想到寒冷北欧夜的小小烛光。新款电视机将把扬声器和其他碍眼的玩意儿，如电线和按钮，统统都隐藏到人们看不见的地方去。新设计抛弃了那些四四方方的线条，加入了能让人联想到自然界中有机体形态的会微微变色的白色曲线。

与此同时，三星的高级管理层还投入了大量时间和资源，去开发与这些新电视机相匹配的前沿技术。在世界领先的三星研发部门的帮助下，电视机部最终决定赌上一把，将电视机的尺寸缩小。就这样，三星开发出了如今早已为我们所熟悉的LED背光平板液晶电视。这一将技术优势和最新获取的客户洞见相结合的做法，为电视机设计建立起了一套全新的标准。新款三星电视机并不仅仅是看上去漂亮而已，它们还运用最新技术，为人们提供了最完美的视觉体验。可以说，这是一次形式与功能的完美结合。

我们可以看出，一旦三星的管理者找到了一个观点，随之而来的与运营相关的部分自然而然就水到渠成了。三星公司决心追随新观点，也意味着它们必须同时放弃一些其他发展机会，但是事实表明，这种取舍并未给三星的股东造成任何损失。事实上，采用意会法之后，三星电子于2007年在电视机市场抢下了11.3%的市场份额。不仅如此，仅仅5年之后的2012年，市场占有率更是翻了一番还多，达到28.5%。[1]

由于之前的出色表现，如今在消费者眼中，三星品牌已成为电视机设计界的安恩·雅各布森(Arne Jacobsen)①。正如一位消费者所说的："三星就是感觉和索尼不太一样。"我们在整本书中都在强调一件事，那就是人的感觉非常重要，在这个案例中，就是人们看电视时的体验。尤其当你身处迷雾中时，你的感觉就更是至关重要。

三星通过重新设计电视机而获得了巨大成功，可以说是验证意会法的绝佳案例。遵循我们的五步法，从把商业问题重新表述为一种现象开始，一直到建立企业的商业影响力，三星公司在市场上找到了新的立足点，并由此全盘改变了消费者观看电视的体验。

企业的人文之旅

看到这里，你也许会以为，雇几个人类学家、哲学家或社会学家来，就能帮助你的团队获得更有用的洞见，并且对人和人的行为有更为深入的了解。我们有时会把这样一种做法称为"走马观花式人类学"研究。那是因为，雇用那些有人文科学（如人类学、历史、心理学）背景的人通常会有用，但并不意味着只要这么做就万事大吉了。据我们所知，对于绝大多数企业而言，不管是具有何种背景的人，一旦进了企业，就会很快被企业

① 20世纪丹麦著名的建筑师，兼工业产品与室内家具设计师。——译者注

文化和例行程序所同化。人文科学背景并不是什么破解人类现实，或者更好地了解顾客和用户的万能钥匙。假如掌舵的企业领导者自身不具备必需的素养，不转变观念采取有意义的商业视角，那么单凭雇用几名人类学家恐怕是解决不了什么问题的。想一想英特尔的吉纳维芙·贝尔，你就会发现，任何一位人文科学家进入企业工作，都必须接受商业思维的训练，也必须熟悉企业文化，唯有这样才能为企业做出有价值的贡献。

想要从调研结果中建立企业的影响力，就必须能够将人文科学角度的洞见与商业背景和手头具体的商业问题结合起来。这就要求企业领导者有能够领导整个研究过程的能力。**采用意会法只是将你引领到正确的道路上来，而最终抵达目的地还得靠你自己。**

开启任何一次不事先设限的探索之旅都是一件大工程。这整个过程就是在挑战你去重新审视你的企业和你的用户之间的关系，因此你必须对所从事的行业提出一些最最基本的问题。所以说，我们的这套意会法操作起来一点儿都不简单。正如在前文中你已经看到过的，这个过程很可能会带来完全反直觉的发现，也会迫使你去质疑你的企业赖以进行的那些基本假设。正因此，要想推行意会法，你一定会遇到许许多多的阻力。不过，一旦你跨越了这些障碍，它就有可能帮助你为企业打开一片新天地。它可以为你的企业重新注入全新的奋斗目标和使命感，以各种出乎你意料的方式大幅提振员工士气，帮助你获得股东的信赖和认可，以及帮助你的品牌和产品重获顾客的青睐。

通盘考虑下来，我们首先要提出的问题是：“我们真的深陷在迷雾之中吗？”大多数管理者大约都能识别出危险将至的信号，不过在多数情况下，这些危险信号还不至于直接威胁到企业文化；这些办公室气压上的小变化往往不久就会自动恢复正常。但是在另外一些情况下，却实实在在是迷雾重重。整个企业是否都为焦虑的情绪所主宰？如我们在全书中所说明的那样，诸如此类的不安是无法被量化或客观诊断的。那是一种你只能凭感觉知道的气氛变化。最典型的就是你隐隐感觉到有什么东西不对劲儿。当你听报告、参加会议或战略大会的时候，隐隐感到这种不安一步步爬上心头。“我们公司理解周围世界的方式让我很不舒服。”这种日益增长的不安感正是你需要关注的，这是你的直觉在对你发出预警。而一旦你感觉到了周围已迷雾重重，很有可能是这片迷雾已将整个企业笼罩其中了。在这样的情况，想要就事论事地解决一个个具体问题，几乎是不可能的，必须采取一种更为根本的方法。

两类领导者角色：决策者与意会者

通常，人们会把企业领导者描绘成一个决策者。这些领导者稳坐组织机构的顶端，根据手下所给出的建议，为企业策略做出抉择。当所有的事实、数据、证据都齐备了，决策者便权衡利弊轻重，最终宣布决定。决策者的职责是带领企业在或舒服或艰难的日子里前进，他们负责为整个企业设定大方向和大愿景：定义企业价值观和行为原则，设定战略目标和需要优先考虑的事宜，并且建立一个负责实施愿景和战略的团队。但从根本上来看，所有这些任务都不失为一种决定：你决定公司的愿景如何，你决定从战略角度考虑哪些事是当务之急。这种作为决策者的领导术几乎可以被看成是一种科学或者技术活儿。如何更有效地领导企业，总会有一套正确的方式。

这样说来，作为决策者的领导者所对应的就是我们所说的默认思维商业问题解决法了。两者都由假设驱动，考虑定量数据，并且按照一定的流程进行。应当说，在原因和结果、问题和解决方法之间的关系相对明确的情况下，决策者的角色可以达到很好的效果。将领导者定位为一名决策者，是极其有效的发挥其领导力的方式。这么做，领导者能够使自己从烦琐的日常商业运营中脱身出来，以较快的速度做出大量的决策，并且确信假如在业务上进行了 x 操作，则可以预期发生 y 结果。

另一方面，意会法却要求领导者具备一种完全不同的领导力。如果说一名决策者所做的工作是分析的话，那么一名意会者所做的工作则是创造。意会者的任务是寻找新的竞争方式，为未来做长远打算，确定新的竞争空间，赋予公司产品以新的意义，将尚未被大家充分理解的事情用语言描述出来。表 8-1 总结了决策者与意会者之间的差别。

表 8-1　　决策者与意会者的差别

领导才能	作为决策者的领导者	作为意会者的领导者
主要职责	充分了解情况，及时做出决策	找出未来的发展方向
工作实质	基于证据做决策	基于判断力做决策
基本技能	分析技巧	综合技巧
与现象的关系	可以完全脱离现象	必须沉浸于现象之中
数据的作用	数据直接给出明确的答案	数据之间可能相互冲突

和决策者一样，**意会者也必须做到对各项目标和当务之急心知肚明。但更为重要的是，他们还必须具备一套新的技能：领导不事先设限的探索过程，感知硬数据和软数据，运用判断力，连接散布的点，从一大堆相互冲突的数据中找出模式**。可以说，意会者的角色在很多方面类似于政治领

导人。他们需要时不时地从日常的政治现实中抽离出来，以统观全局。他们必须将自己从政治斗争的各种花招中撤出来，穿透各种意见、声音、数据、权力斗争、分析和建议形成的迷雾，找出解决某个政治问题的方法，有时可能是预见整个国家的未来。在历史的不同阶段，政治领导人显示出了超乎寻常的意会时刻。想一想将各德意志小邦联合成一个大帝国的俾斯麦，想一想领导了美国革命并建立了美利坚合众国的乔治·华盛顿，想一想成功带领美国走出经济大萧条的富兰克林·罗斯福，想一想让印度获得独立的圣雄甘地，所有这些伟大的政治领导人，都能够在动荡、不确定甚至一片混乱之中找到自己的思路和国家的出路。这些关于领导力的极端案例能够教会我们哪些带领企业走出迷雾的道理呢？

关于领导力，历史学家以赛亚·伯林（Isaiah Berlin）给出了迄今为止最发人深省的洞见。伯林一生绝大多数时间都致力于研究政治学，出于好奇，他一直想要弄明白究竟是什么造就了那些伟大的政治领导人。伯林的写作从20世纪中叶持续到20世纪末。当时的许多政治学家和经济学家都深信，归根结底，重要的政治行为是一场理性博弈。他们相信，终有一天可以找到一些放诸四海而皆准的法则和普适框架，用来指引政治家们做出正确的政治决策。并且，这样的法则还可以促进整个政治系统变得更为理性，更加科学。怎么样，是不是听上去很耳熟？

伯林花了一辈子的时间去研究政治究竟是如何运作的，然后断然否定了政治判断可以被简化为任何法则或普适框架。恰恰相反，伯林发现，那些伟大的政治领导人身上都具备某些“非常普通的、凭借经验的、近乎审美的”[2]个人能力。伯林认为，伟大的政治领导人都有着这样的共同点：他们经验丰富，能够从共情视角去理解他人，且对时代形势十分敏感。这几点技能，为他们建构起了一种厚重的现实感。除此之外，他们还能够依据这种现实感对具体的情况做出准确判断。而这又涉及另一种非凡的才能，能够综合考虑“大量混杂的数据，这些数据不断变化，含义复杂，来得快去得也快，并且永远彼此重叠交叉，它们数量巨大，变化迅速，相互混杂交织，就像许许多多自顾自翩翩起舞的蝴蝶那样令人眼花缭乱，无法捕捉、固定和标记”[3]。

如果我们循着伯林的论点往下发展，就可以得出这样一个结论：意会型领导者必须具备的才能就是能够在海量的数据、印象、事实、体验、意见和观察所得中看出一些通用的模式，并且能够进一步将这些模式整合起来，从而迎来意会时刻。在伯林看来，这就需要“与相关的数据进行直接的、几乎可以说是感官上的接触”[4]，需要具备能够“看出‘什么和什么是能匹配得上的，什么是由什么引发的，又是什么导致了什么’的敏锐触觉”[5]。

显然，这并非是一种学术能力或分析能力，而是一种复杂的、依赖于经验的直觉，也许我们可以称它为“判断力”“想象性的理解”“洞见”或“洞察力”[6]。它要求你能够运用经验和智慧，将软数据和硬数据、科学根据和实际情况、意见和事实、当前的形势和未来的可能性给连接起来。

伯林的论点对于领导力究竟意味着什么，可谓影响深远。作为一名意会者，你不能将自己置身于综合局势之外，而要将自己融入所要解决的问题中，你必须去正视那些数据，“感觉”它们对你的实质影响。你必须将自己定位为一名阐释者，而非一名裁决者。这就意味着，你是一场没有明确目的地的旅行的向导，也就是说，你必须要承认，你并不总是知道那个唯一的正确答案。

伯林一针见血地指明了通过意会法来领导一个国家或一家企业所必须具备的能力。作为一名领导者，你必须懂得怎样问正确的问题，怎样从数据中找出模式，怎样做出正确的阐释，以及怎样将这些阐释最终转化为行动。如果没有企业领导者在大方向上的把握和引导，以及结合企业具体问题对数据进行的阐释和解读，那么无论是雇用大批人文科学背景的研究人员，还是尝试不事先设限的定性研究，都无法产生多大的效果。而如果无法付诸行动，那么再高明的洞见也只是没有太大实际用处的意见而已。

意会者必备的三项基本特征

与绝大多数管理学理论框架不同，想要熟练掌握意会法所需的领导技能，是无法从任何一家商学院、任何一个高级管理人员培训项目或任何一本商业书籍中学到的。这并不是一种技术技能，而是一种必须通过亲身实践习得的实践技能。正如你不亲自上场踢足球就无法成为一名好的足球运动员，不亲手做木工活就无法成为一名好木匠，不坚持写作就无法成为一名好作家一样，一名好的领导者也必须不断地运用自身的经验、判断力和智慧。

话虽如此，我们还是在伟大的意会型领导者身上观察并总结出了 3 项基本特征：

◎ 意会者往往十分关心公司的产品和服务，以及这些产品和服务对于消费者而言意味着什么。

◎ 意会者往往对于所经营的生意有非常清楚的看法，这个看法不仅不狭隘，而且能够超越当前的时间和当前的企业边界。

◎ 意会者往往善于把企业内部不同的部分联系起来。任何一个机构都需要具备多样化的技能，才能更好地理解大数据，并将之转化为行动。

带着关怀之心去领导

就在不久之前，我们曾遇到过一位大型跨国医药企业的高管。当时，他刚开完一整天的会（那是一个关于医疗保健的未来的专题研讨会），站在酒店大门外，呼吸几口新鲜空气。我们谈到了医疗保健行业近期的变化，以及医药企业所面临的一系列挑战，包括医疗保健成本增加、研发生产率低下以及营销模式失败。我们问这位高管，他对这些眼前的挑战有什么想法。

这位高管用稍显疲惫的目光看看我们，又觑着眼望了望天空，说："首先，今天晚上我要去寿司店大大饕餮一番。然后，明天一早我会回到公司一如既往地做那些该做的事情。你懂的，就是新雇一些人，裁掉一些人，再制定一些策略。"

说这番话的时候，这位高管并未带有任何讽刺的意味。他只是近乎残酷地坦率表达出了许多高级管理者都会时不时体会到的感觉：这一切究竟有什么关系？这些年来，管理工作正朝着越来越专业化的方向发展，这导致我们越来越容易在执行层感受到一种虚无主义，或者说是意义的丧失。尤其是在大型企业，这种虚无感最为强烈。因为在大型企业中，管理工作本身只是被视为一项专业技能，因而与企业究竟生产什么产品、提供什么服务没有多大的联系。一旦员工对工作的满足感纯粹来自管理工作本身，来自重组、优化运营、雇用新员工、制定策略，而非来自创造一些具有意义的事物时，会对企业产生什么样的影响呢？一旦你觉得你所服务的企业无论生产什么，美容产品、软饮料、快餐或乐器，都已无关紧要的时候，你又会怎么想？

如果你很容易产生这类沮丧的情绪，那么就说明，你将无法做到带领企业走出迷雾。还记得我们说过的吗，意会法既不是线性、按部就班的，也不是光靠机器就能够做到的。没有任何机器能够完全替你处理数据。实际上，甚至根本没有唯一正确的结果。作为一名领导者，你必须能够弄懂那些洞见的内涵，并将其与实际问题相结合。这就需要你有能力对各种信息做出休伯特·德莱弗斯所说的“有意义的区分”。当你选定了一个视角或一个观点，你就能凭直觉感知到哪些是重要的，哪些是次要的，你就能看出哪些东西相互之间是有关联的，你也就能知道哪些数据、意见和已有的信息是真正要紧的。而一颗关怀之心，正是使所有这一切成为可能的关键连接物。

假如你从事的是美容行业，却对美容产品意味着什么丝毫不关心，那你就根本无法理解美的理想境界。假如你从事的是汽车行业，你就必须得关心汽车和交通运输问题，否则你根本不可能理解人类社会中的驾驶现象。在你不去关心的情况下，所有一切看在你眼里都只是属性，或者赛亚·伯林所谓的“许许多多自顾自翩翩起舞的蝴蝶”。

对于德莱弗斯这样的哲学家而言，我们所说的这一切都是老生常谈了。就拿海德格尔来说，他早就提出过类似的主张，认为人之所以为人的根本就在于“关心”，或者用海德格尔的话来说是“忧虑（Sorge）”①。[7]海德格

① 倪梁康与钱钟书将其译为“忧虑”，熊伟译为“烦”，陈嘉映译为“操心”，张祥龙则译为“牵挂”。——译者注

尔所说的关心，并不是指你与他人或事物之间外显的情感上的联系，而是指有些人或有些事对于你而言很要紧，意义重大。正是这种关心使我们能够与世界上的人或物产生非常复杂的相互影响，并且能够领悟全新的与世界互动的方式。

可以说，关怀之心是人类的一种最基本的状态，因此一个人或一家企业是不是具备关怀之心，往往一眼就能看出来。当你走进一家宜家家居的商场，立刻就会知道它对于制作现代设计的平价家具这件事十分关心。在这里，随处可见关怀之心所蕴含的“重视和仔细”的精神。商场布置得十分考究，明显可以看出创建商场的人确实在贯彻自己的使命。你可以从商场的设计上看到宜家的关怀之心，虽称不上是世界上最精美的商场，但是功能齐备。

当你根据商场指引逛宜家家居商场的时候，感觉就像是根据指引参观了一家室内设计博物馆一样。所有的产品都被陈列在整体环境之中，这样一来，你就能在商场里看见一个整体的厨房，看起来就像你自己家的厨房一样，而不是一个个单独的碗柜、餐桌和座椅。你也可以从产品上看到这种关怀之心。宜家的产品适合大多数的家庭，而且工作人员在设计这些产品时注入了极大的关怀，在控制价格的前提下尽量不影响到美观。你甚至可以从这些产品的名字上看到这种关怀之心。宜家的绝大多数产品都依照一套命名系统来命名，每一类产品的名称都对应着一个不同的出处。比方说，餐桌和餐椅一般都会以芬兰的地名来命名，而桌毯则通常会以丹麦的地名来命名。

宜家家居的管理方式也是出了名的注重细节，每一个细节都经过深思熟虑。多年以来，宜家始终关注着成本控制和产品开发。宜家的创始人英格瓦尔·坎普拉德（Ingvar Kamprad）就以节约而出名。尽管他的净资产高达450亿美元，却依然开着一辆老旧的沃尔沃240，茶包会反复使用，在饭店吃完饭会把盐包和胡椒包打包带走，甚至你还可以经常看见他在宜家商场的用餐区吃着便宜的套餐。坎普拉德在《一个家具商的誓约》（*Testament of a Furniture Dealer*）一书中解释他的人生哲学："我们不住奢华酒店，不只是出于价格的考虑。我们不需要招摇的汽车、显赫的头衔、特别的行头或者其他象征社会地位的东西。我们所倚靠的是我们的实力和我们的意志！"[8]自从1947年创立以来，宜家一直保持着每年2到3个百分点的价格降幅。无怪乎每年有近5亿人次光顾这些蓝色的大卖场。

其实，哪里都能找到这种关怀之心。在你家附近的小杂货店，在市立图书馆，在幼儿园，在日本料理店，在电脑游戏里，甚至在污水处理系统的设计上，你都能找到这种关怀之心。在那些充满关怀的地方，你可以感觉到在那儿工作的人都深深地投入到了他们所做的事情之中，换句话说，他们所做的事情对他们而言很重要。

关怀之心包含两层含义，一是你需要为对方操心，需要投入精力，二是你做起事来会小心翼翼。这可不像手机应用软件，可以随意安装；也不像在餐馆里点菜，只需坐着下单就会被端上来；更不是写下价值观和愿景，就能强行达到。关怀之心并不是外显之物，并不是像一本手册、一份食谱或报纸上的一则标题那样一目了然。当人们真正关心什么事情的时候，甚至会经常感到无从解释。假如你曾听过伟大的足球运动员梅西的采访，你一定会非常失望。你明明刚才看到他在足球场上像神一样地跳了足足90分钟的芭蕾，一而再再而三地使出让人不可思议的花招，结果现在听他解释起来却一板一眼、味同嚼蜡："我总是尽量按照我觉得是最好的方法去踢，就是对准对方的球门射呗，接下去的事情就靠水到渠成了。”[9]

只有在合适的环境下，关怀之心才会自然而然地显露出来。假如你感到自己也许缺乏关心，或者假如你的注意力完全集中在企业的财务表现上，那么不妨尝试多接触一些与公司产品或服务相关的特性。以下几种方法或许有助于培养关怀之心：

◎ 成为自家产品的使用者，并且设身处地从消费者的角度去感受这些产品。去顾客会去的地方，感受一下被你们的企业服务究竟是种什么滋味。

◎ 花几天时间走出办公室、走到普通员工中去，最好能尝试一下在不同岗位工作的感觉。比方说，假如你在汽车租赁行业工作，不妨干几天服务专员的活儿，或者试着当几天洗车小工，又或者接听几天热线电话，甚至可以去信息技术部体验一下。

◎ 与企业中不同的员工多接触，和他们聊聊他们喜欢工作的哪个部分。观察哪些事情对公司员工来说是重要的。

◎ 去读那些你的顾客和同事们会读的杂志、博客和书籍，参加他们会参加的活动，并且试着去感受是什么在驱动着他们的行为。

◎ 询问你的同事们，他们觉得哪些员工对企业有着特殊的价值。可能是一位编程像写诗一样的计算机科学家；也有可能是一位花了9年时间执着于开发某一项新功能的工程师；又或者是一位经常收到顾客崇拜信的客服经理。尝试用心去感受他们的世界。

在大量接触了与公司产品或服务相关的特性之后，关怀之心很可能就会自然而然地显露出来了，就好像是你在学习一门外语时会体验到的那种感受。一开始，你要学一些基本的语法结构；接下来，你慢慢能够组织起一些短小的句子；又经过一段时间之后，你就能完全不假思索地脱口而出了。当你在关心这件事上也能达到这种熟练程度，你就不需要再去刻意考虑什么重要、什么不重要了。可以说，培养关怀之心已经成为你的一部分，成为你的一种本能。

带着观点去领导

或许你会觉得，我们在提到伟大的商业领导者时把史蒂夫·乔布斯搬出来有点了无新意，无奈乔布斯的的确确是拥有自己观点的领导者的典范。在沃尔特·艾萨克森（Walter Isaacson）为其写的畅销传记《史蒂夫·乔布斯传》中，乔布斯这么描述自己对于科技的看法："小时候，我总是觉得自己是个更偏文科的孩子，但我也喜欢电子设备。后来，我读到了我的一位偶像，宝丽来创始人埃德温·兰德（Edwin Land）曾说过的话，他谈到，那些能将人文与科技相融合的人，对世界非常重要。他的话使我认定，那就是我将来所要做的事情。"[10]

将人文与科技相融合的想法是一个非常具有独创性的概念，重塑了我们对科技的看法：应该如何规划科技的发展，以及科技应该为使用者提供些什么。这里的"融合"概念并不像简简单单宣称"我们想要把计算机做得更便于使用"那么直截了当，而是一种比喻，说明从全新角度思考科技。

一直以来，认知学家和语言学家就认为，使用比喻能够使人们从全新的角度去看世界。由于我们不太容易对不熟悉的事物产生直观的感受，因此常常会借用一些熟悉的词语或概念去描绘我们所不知道或抽象的概念。通过与已知事物进行比较，我们得以理解新的事物。正是出于这个原因，我们将某个计算机控制部件称为"鼠标"，将高耸的建筑称为"摩天大厦"。也是因为这个道理，耐克将它们的新款超轻跑步鞋命名为"空气"（Air）。

用比喻的方式使我们预先知晓新世界带来的体验，为我们开启了一扇通往那个新世界的大门。

对于人文学科和计算机技术分别代表的观点和立场，我们都有一个大致的概念。可是，一旦将两者摆在一起，就会形成一整套全新的理念：计算机应当成为创造性劳动的工具；计算机要有美感；科技应当具有人文关怀，并且能够使人愉悦；用户体验非常重要；计算机的使用应当个人化；计算机不应该仅仅为科技控而生，而是应该能够为普通人服务。

史蒂夫·乔布斯借助上述人文学科的比喻来实现他关于苹果产品的愿景，为苹果的员工、顾客和用户开启了一个崭新的世界。乔布斯一再地回顾这个比喻，并借此为苹果公司的产品开发、设计、技术、零售渠道、运营模式和品牌指明了长期的发展方向。这个发展方向使得企业的每一个职能块在每一次创新的时候都能为同一幅蓝图添砖加瓦。乔布斯做到了吉纳维芙·贝尔一直希望在英特尔做到的事情。而这也正是贝尔要帮助英特尔的管理层用人类的体验来重新讲述英特尔故事的原因。

有趣的是，乔布斯对于技术的观点并不是在参加头脑风暴讨论会的时候硬想出来的，也不是通过分析市场后精心计算出来的商业计划。“将人文与科技相融合”这个观点他之前已考虑了许多年。他能够感觉到这是人们目前所忽略的，同时也是他希望能够做到的事情。因此，这个关于“融合”的观点不仅仅是乔布斯借以阐明苹果公司使命的工具，它还渗透到了苹果公司的各项活动和决议之中。用上一章的话来说，乔布斯是一位借由观点推动创新的大师。

你可以在任何地方找到各式各样有着鲜明观点的企业。举例来说，通用电气就有着这样一个鲜明的观点，想要利用企业的创新资源去解决全球环境问题，并将它的这个观点付诸“绿色畅想”计划。诺和诺德制药公司则在糖尿病方面有着这样一个观点：通过“改变糖尿病”计划遏制全球糖尿病蔓延的趋势。这项挑战使得诺和诺德制药公司能够有的放矢地进行研发投资，并制定出更好的糖尿病援助、教育和自我管理方案。此外，诺和诺德制药公司还与政策制定者、患者组织和医学专家建立起了联系，共同推进糖尿病的宣传和预防工作。星巴克关于咖啡文化的鲜明观点是，将咖啡馆定义为一个“第三空间”：家庭是“第一空间”，公司是“第二空间”，星巴克就是“第三空间”。哥本哈根有一家足球俱乐部，非常明确地告诉每一位访问者它关于足球运动的观点。俱乐部大门入口处放着一块牌子，上书“让男孩变成男人，让男人变回男孩”。所以你大概不会猜错，这家俱乐部并不为女性提供训练服务。而当加拿大监狱系统的管理者们有了观点之后，他们对于“监狱”的理念也随之发生了彻底的变化。“囚犯不可以再回来”，这个观点改变了监狱的定位，从“一个关押犯人的地方”变为了“一个教育机构”。

与没有观点的企业相比，有观点的企业往往在产品和服务的创新方面更为擅长。

第一个原因，对于企业想要创新的方向，全公司都能有比较一致的想法。想一想乐高公司“回到积木”这个观点，你就会发现，这个共同的观点可以大大降低失败的风险，并且使全公司的人都能围绕着同一个大方向做出改进和贡献。

第二个原因，有观点的企业能够将企业资源优先投入到那些最为重要的地方去。缺少观点的公司往往有一大堆需要推进的项目，因此总免不了陷入资源过度分散的尴尬境地。这正是康乐保公司一度面临的问题。缺乏重点实际上会大大增加失败的风险，因为企业投了太多的项目，而实际上没有一个项目能够获得足够的支持，结果就是企业会对启动新项目越来越失去耐心。在这样的企业中，大概常常能看到许多中途搁浅的项目，而汇集着这些项目痕迹的地方有时会被称作“创新的墓园”。

第三个原因，统一的观点可以使企业的不同职能部门为了同一个目标和理想去创新，这一点在阿迪达斯案例中尤为明显。公司每个部门的员工都能以同样的方式理解阿迪达斯品牌的抱负和终极目标。这样一来，各种不同的创新项目就都是朝着同一个方向前进的，无论是产品上的创新，商业模式上的创新，营销渠道上的创新，还是品牌上的创新。

所谓企业观点，就是企业所抱持的某个坚定的看法，既可以是企业自身想要有一个怎样的未来，也可以是企业希望能够如何塑造这个社会的未来。一般来说，摆在企业领导者面前的有 4 个层次的眼界。一个鲜明的观点能够帮助企业领导者抬起头，开阔眼界，望向最远的那一层。这 4 个层次分别是：

◎ 自身及个人事业：这当然是离你最近的一层。在这个层次，你所关注的是企业能为你带来什么，你能赚多少钱，有没有什么跳槽的机会，以及你将会留下多少遗产。如果你只看到了这一层，那么我们不得不说你的目光相当之短浅，丝毫没有远见。

◎ 你所服务的企业：当你看向这一层时，你会思考与企业相关的问题。要如何提高公司的业绩？企业该如何激励和吸引最优秀的人才？如何才能更好地进行管理？能够看到这一层，说明你的视野较上一层稍开阔了些，但依然有限得很，因为你的关注点依然只局限在企业内部。

◎ 企业所处的行业：在这一层，你开始关心整个行业的市场会如何发展，是会增长、紧缩，还是会发生其他变化。你会关注到这个行业的消费者，以及该如何满足他们的需求。你还会去考虑哪些因素能够推动你所在行业的增长。

◎ 整个社会：这是离商业活动最远的一层了。在这里，你所看到的是整个社会和各种社会现象，而你的企业自然也是构成这个社会的一份子。你的观点让你能够突破所处行业的边界，并促使你去思考这个行业所提供的产品或服务的根本意义之所在。我们这一行在人们生活中究竟扮演着一个怎样的角色？我们要做些什么去推动整个社会的进步？有哪些社会变迁应当引起我们的注意？

想要能够带着观点去领导一家企业，首先必须下定决心找出一个观点来。为数惊人的企业缺乏观点。在这样的公司里，高级管理者基本上都只忙着盯住第一层或第二层看，只顾得上他们自己的事业或公司的业绩。假如公司的经营状况还不错，这么做也不至于会出什么大问题。但是，一旦公司所处的环境变得较为复杂，那么如此目光狭窄的领导者是无法带领企业走出迷雾的。根据我们的经验，从来没有哪家企业能够在缺乏深远观点的情况下成功转型，或妥善处理极其复杂和不确定的情况。能够做到这一点的企业，不仅要有观点，而且它们的观点至少要涉及第三层，即行业市场领域，甚至更远大一些，关注到整个社会。在本书所列举的每一个案例中，那些企业的领导者们都将他们的眼界拓展到了第四层，并且能建立起鲜明的观点。

那么，究竟要如何建立观点呢？或许最好的出发点就是对本书所介绍的意会法提出你自己的解读。分析研究所处行业的现象，能够在很大程度上帮助你树立起自己的观点。然而，要最终树立起一个观点来，仅仅搞清楚企业当前所面临的局势以及自己家的顾客和用户还不够。你还需要弄明白在整个行业中，有哪些地方可能正在发生，或者将会发生什么样的变化。

当然，你永远也无法百分百准确预言未来会发生什么。但是通过关注你所处行业中的前沿实践，你至少能够做出一些合理的预测。所谓的前沿实践，可以是那些尝试用新的甚至极端的方式去使用产品的消费者，或者那些尝试推出看起来毫无意义的产品的企业家，又或者是那些还只是在专业人士小圈子里传播的想法。甚至在其他一些不属于你所处行业关注范围的事情，譬如在新兴客户群之中，都可能蕴含着对于未来的启示。这些目前发生在你所处行业边缘的非主流实践活动，很可能在未来的某一天就摇身一变成为主流，或者可以启发你得出自己的观点，来引导未来的商业趋势。

作为一名企业领导者，你可以参考以下几条建议，来建立起关于自己企业的观点：

◎ 搜集关于顾客、市场和行业的数据和研究报告，并组织一支团队带着下列问题去综合考虑这些研究结果中所蕴含的洞见：我们为什么要从事这个行业、生产这些产品和提供这些服务，我们究竟知道些什么？通过综合分析，确定自己目前所不知道的事情。

◎ 认认真真地审视一遍企业。看一下企业最近推出的五到十款产品，并且问问你自己：我们有什么基本的想法没有？如果有的话，继续问下一个问题：这个想法是否会对我们推出接下来的五到十款产品有所启发？假如回答是否定的，那么请利用这个机会确定一项当务之急：公司亟待建立起一个更为鲜明的观点。

◎ 考虑针对客户行为、需求和行业边缘性实践，进行一次深入研究，这么做有助于企业找到自己的观点。在实施的过程中，切记要把不同职能部门的员工都包括进来。
◎ 借助于你所能得到的一切启发，努力思考你的企业所想要代表的观点和立场。问问你自己：我们的公司在社会中占据着一个怎样的地位？我们要如何使人们的生活变得更加美好？将你自己的想法和观点整合成一小份材料，与团队讨论。
◎ 为你的观点寻找一个恰当的比喻，并且尽量使用简明扼要的话把它写下来。请记住，你寻找的比喻必须同时做到以下两点：第一，形象、直观，易于理解；第二，能在某些方面出人意料，有助于开拓人们的思路。

将不同的圈子联系起来

法国作家安东尼·德·圣-埃克苏佩里（Antoine de Saint-Exupéry）在回忆录中曾写过这样一句睿智的话：“爱不是彼此凝视，而是一起注视着同一个方向。”[11]

我们认为，在引领企业走出迷雾这件事上，这句话也同样适用。在商业语境中，“彼此凝视”可以被理解为关注企业内部的各个方面，譬如企业愿景、企业核心价值观、企业目标及企业实力等；而“注视着同一个方向”则意味着全公司有着共同的观点以及探索发现的意识。

不过，使公司上下一心“注视着同一个方向”，说起来容易做起来难。我们在谈到企业的时候，就好像一家企业就和一个人一样，不消说必然有着统一的想法。然而，事实并非如此。现实中的企业往往是由许多不同的圈子和亚文化所组成的，各自有自己的工作安排、文化符号以及衡量成功的标准，涉及不同的职业发展路径、不同的权力结构和不同的专业用语。因此，对于一名意会者来说，如何才能使这些形态各异的职能部门看向同一个方向，无疑是一项极大的挑战。

举一个最明显的例子，市场部和研发部就明显是两个截然不同的圈子。市场营销人员往往是什么都懂一些的通才，因而比较容易看清整体状况。而且，他们的绩效考核一般都基于短期目标，因此必须具备较强的行动力，要能马上付诸行动。通常情况下，那些能够直接为他们提供答案的洞见，比较能够激发他们的积极性。研发部门的员工则通常是些偏重于各自领域的专家，他们的成就往往需要经历较为长期的过程才能体现出来。他们非常注重细节，并且往往更关注技术能带来什么，而不是客户需要什么。因此，能够激励他们的，往往是那些能够带来疑问、难题，进而能够激发他们解决问题欲望的洞见。那就无怪乎这两个圈子之间总是纷争迭起、干戈不断啦。

不久之前，我们刚去拜访过一家全球性消费品企业，在一个跨部门的专题研讨会上，我们就目睹了市场团队刻意地针对研发团队所提出的各项意见唱反调，还说“研发部的那些家伙无论如何都永远理解不了商业世界的基本常识”。而有趣的是，研发部对于市场部竟然也得出了极其类似的结论：“那帮家伙全都是些目光短浅的近视眼，全然无视科技发展的过程和规律。”

正是由于上述这些原因，大多数企业的研发部和市场部往往遵循着两个截然不同的工作方向。而作为企业的领导者，当你想要为企业确定一个新的竞争领域和竞争方向的时候，这个差异往往就会演变成一个大麻烦。因为这两个部门可能对企业未来发展方向有着截然不同的解读，其结果就是，当你听完两边各自的论述之后，往往不是更加清楚而是更加一头雾水了。

此时，作为一名意会者，你最需要做的就是将这两个不同的圈子联系起来：你必须使整个企业目光一致，看向夜空中的同一颗星。也就是说，你必须使不同的团队对企业创新、朝哪个方向发展达成一致意见，并且能够激励他们，调动起积极性，使整个企业都充满干劲。

要做到这一点，绝非倚仗着领导身份、从高层下达一系列新命令就能成事。相反，一名成功的意会者必须用领导力搭建起一个沟通平台，鼓励不同部门的人各抒己见，譬如他们对于新方向的解读以及具体该如何实施等意见。在有些情况下，不必急于得出任何结论，不妨先邀请企业中不同部门的人员共同参加一次发现之旅，这个做法也许能为你带来意想不到的收获。

以康乐宝公司为例，首席执行官、市场部总监和研发部总监就曾经共同前往其他企业进行实地考察，意在看看别人在领导力和创新方面是怎么做的。这些共同的探索经历所带来的共享感帮助他们弥合了不少分歧；并且，当后来公司着手在创新方面进行大刀阔斧的改革时，这份共享感也使得改革在执行层面变得更易于推进。

在英特尔公司，管理层将企业战略制定流程拆解为 3 个不同的方面：感知、解读和行动。为了使整个企业目标一致，来自市场部、研发部和运营部的关键人员所组成的团队通力协作，分别针对这 3 个不同的方面建立起了共识：

◎ 感知：我们所感受到的洞见是否一致？

◎ 解读：我们对于同一个洞见的解读是否一致？

◎ 行动：对于将要采取哪些行动，我们是否意见一致？

将意会法视作一场整个企业范围的对话，而不是高层下压式的命令，有以下几点好处：

◎ 首先，这么做能够在彼此之间建立起一种高度的信任感；

◎ 其次，这么做有助于在企业内部营造一种主人翁精神；

◎ 最后，这么做还能够大大缩短从得出洞见到采取行动所花费的时间。

当然，这种对话的形式结构可以不拘一格，完全不必像变革管理项目那样严格古板。实际情况是，在许多成功企业中，这样的对话往往结构十分松散，并不是一次两次集中会议，而是一系列发生在一段时期内、在诸多不同场合下所进行的探讨。打个形象的比喻，这就像是我们下厨炖肉，一定要用文火慢慢地炖上好几个小时，肉质才会变嫩，味道才能进得去。同样地，对话也需要轻煨慢炖。

当然，这并不是说对话可以无限期地进行下去。一旦大方向确定了下来，不同职位的人也都各就各位了，身为意会者的企业领导者此时就需要将大家的注意力从“说”上引导到“做”上去。在这一阶段，领导者的职责在于确保每个人的行动都脚踏实地不脱离正轨，不因为受到虚头巴脑的所谓高精尖科技方案影响而分神。

成立智囊团

使用意会法设计一场企业范围的对话，根本意义在于保障在企业内部为批评和批判性思维留出足够的空间。即使是一名领导者，也无法保证自己总是能够做出正确的判断，或者始终知道哪条道路才是正途。因此，成立一个顾问小组来适时对你的想法提出质疑和调整，是很有必要的。具体来看，企业领导者的智囊团必须包含能够担任起以下三个重要角色的人。

第一，智囊团中需要有重构者。重构者指的是那些非常善于发现新机遇的人，他们常常能够想出新颖的观点来启发和激励整个团队。他们擅长抽象性、概念性地思考，能够在刚刚出现的行业边缘性实践中挖掘出新的、可能改变整个行业动向的商机。这些人往往被视为创意领袖，他们具备捕捉和揭示新趋势、新机遇的罕见才能。不过，与其说重构者的脑子能够自行蹦出新点子来，不如说他们真正的本领在于嗅觉敏锐过人，能够从那些被企业所忽视的想法、洞见和实践活动中嗅出线索，进而发现商机。可以说，重构者是领导团队向外伸出的天线和触角，时刻沟通着行业发展的最前沿。不过，重构者也不是没有缺点的，他们的缺点在于往往缺乏系统性：他们的逻辑可能不够缜密，或者很容易对重复性的日常事务感到厌烦，因此劲头来得快，去得也快。

第二，智囊团中需要有阐释者。阐释者所擅长的是将新想法转化为可实施的企业日常活动。阐释者往往很注重流程，能够带着批判性的眼光去评估新想法的可行性。可以说，阐释者的作用在于能够向整个团队清楚说明新的方向，以及具体应该怎么做。假如在一支领导团队中缺失了阐释者的角色，那么即使团队能确立一个新方向，也难免流于光说不练的尴尬结局。与重构者恰恰相反，阐释者往往非常有系统性，他们是将梦想家和实干家整合在一起的不二人选。

第三，智囊团中需要有保护者。保护者的职责在于保护和维持企业的运转。保护者通常对过多的变动持怀疑态度，他们更倾向于那些能给企业带来稳定的干预性措施。他们会改良现有流程，设法让公司的运行回到正轨，保留企业的核心支柱，确保新的想法能够被扩大施行。当然，如果变化势在必行，他们也要能很快接受现状，并且将重构者的新颖观点普及到公司的各个部门去。假如领导团队中缺失了保护者的角色，那么新想法将很难传达至企业的基层。

一支智囊团中，重构者、阐释者和保护者这三种角色必须得到很好的平衡，这样才能帮助身为企业领导者规避一元思维或单线思维模式。而一旦企业深陷迷雾、必须在全公司范围进行尝试和摸索时，这种多维度的思维模式也能够在最大程度上降低失败的风险。除此之外，在企业高层对话中兼顾三种不同的思维模式，还可以帮助企业领导者联结企业内部不同的部门。综上所述，多维度的思维模式能够营造出一种适宜的企业环境，促使全公司所有人都能“注视着同一个方向”，而不是“彼此凝视”。

让不同的圈子都能为企业效力

究竟怎么做才能把企业内的不同部门联系在一起呢？这里有几条建议：

- ◎ 深入了解企业内部有哪些重要的部门。了解市场部、设计部、销售部以及研发部各自是如何运行的，以及对于它们来说，成功的标准分别是什么，彼此之间有哪些不同之处，等等。重点关注那些彼此不对盘、时常有矛盾冲突的部门，并且努力弄明白造成它们之间不和谐的根本原因。
- ◎ 邀请不同部门的高级管理者共同参与一次发现之旅，并要求他们找出一些跨部门的共同洞见。

◎ 将意会法视作是在一定时间范围内进行的企业对话。鼓励全公司不同职能部门的员工都参与进来。在对话进行的过程中，要对不同的建议和意见持开放态度。但同时也必须明确一点，对话是有时间限制的，一旦时间到了，讨论就必须到此为止。

◎ 思考一下，你的智囊团中不同的角色比例是否均衡：有没有能够带来新想法的人，有没有能够将想法付诸行动的人，有没有能够保持公司稳定运行的人?

结 语

改变一切的意会时刻

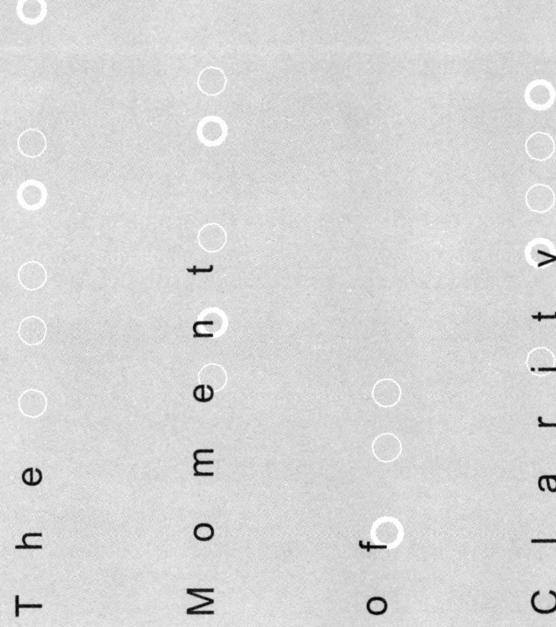

假如在读完本书之后，只能带走区区一个收获，那么我们希望你带走的是：要想带领企业走出迷雾，关键在于算对人。

当然，假如事情就这么简单的话，那么这本书应该只需要写一页就够了！人类的天性使我们绝大多数人经常性地算错人，特别是当我们试图做出重大战略转变的时候。就像本书通篇想要说明的那样，当我们进行商业战略规划，或解决市场营销、产品革新与销售等商业问题的时候，绝大多数人都会不自觉地抱持这种或那种关于顾客和用户的假设。这类假设大多是些关于人类行为的泛泛之论，与人们对于世界的真实体验严重脱节，甚至毫无关系。

这些极有可能一无是处的假设包括以下几条：

◎ 人类首先是单独、独立的“能思之物”。
◎ 我们充分了解自己的意图。
◎ 我们的决策过程就是在各种不同的选项之间进行权衡的过程。

◎ 我们非常清楚自己的欲望与需求。

◎ 我们身处的社会环境，或者我们此时此刻的心境，并不会对我们的决策产生影响。

在商业环境相对稳定的情况下，上述假设能够帮助我们创造规模效益，并且高效、平稳地经营生意。我们并不需要在每一次做出商业决策时都去思考究竟是什么在影响和操纵着客户的行为。然而，一旦所处的行业大环境遭遇剧变，我们就必须去拆解我们的这些思维习惯了。人文科学为这种新的思维方式提供了一套理论框架，能够帮助我们正确地理解人、算对人：

◎ 人类首先是社会动物。

◎ 在大多数情况下，我们根据自身对世界的熟悉感做出决策。

◎ 不同的心境以及不同的社会环境，都会对我们的偏好产生影响，甚至使之发生改变。

◎ 我们的很多选择其实都是下意识里本能地做出的。

◎ 唯有当我们充分融入世界时，才会得到最多的启发。

如果你默认客户是通过权衡各种选项来做出最终决策的话，那么你就很可能会闷头为你的产品添加一些没有人弄得明白、也没有人真正需要的新功能和新配置。如果你假定人在本质上是能够做出最优选择的生物，并且在此过程中毋须受到社会准则或社会结构的制约，那么你就不可能真正了解新的产品是如何产生，又是如何向大众市场扩散的。如果你认为客户对自身的需求和欲望有着十分明确的认识，那么你就难免要继续去投放一些难以激发消费者兴趣和激情的产品了。

假如现在你想从自己的公司着手去算对人，也就是正确理解你的客户，那么对于你来说，最大的问题无疑就是：我该从何着手呢？很重要的一点是，你必须牢记，要学习意会法，并不是随随便便地往你的市场调研工具盒中添加一项新的研究技巧那么简单；相反，意会法的学习过程更像是一场漫长的旅行。

如今，许多企业已经接受并采纳了我们在本书中介绍的那些研究技巧，譬如民族志研究等。如果你的目的是改进产品设计或创建更好的用户沟通渠道，又或者如果你想要了解客户与产品之间的互动的话，使用这些技巧无疑能够带来非常好的效果。然而，研究技巧本身并不会必然包含任何重大的价值。不仅如此，除非你知道如何将这些技巧应用于更大的战略愿景上，否则，空有技巧绝不足以将你带出迷雾。从这个意义上来讲，我们应当将民族志研究等技巧视作一部巨型发动机中许许多多小齿轮中的一个。而你必须要借助这一整部发动机才能够最终确定你的方向和未来。

因此，我们可以说，掌握意会法的价值是大是小，关键取决于你如何运用和发挥自己所获得的洞见，如何将这些洞见转化为新的想法和新的机遇，如何为你的企业创建一个共同的愿景，如何运用这些洞见去界定工作中的当务之急、重中之重，以及如何坚定地在你所确立的方向上执行下去。你必须把以上所罗列的方方面面看作是商业议程的主要内容，而不能仅仅将它们归于次要因素。

我们相信，最有效的第一步应该是这样的：针对面临的棘手问题，首先要建立起一个精准而清晰的问题框架，与此同时，积极调动起好奇心，争取能有新的发现。换言之，首先要把商业问题重新表述为某种现象。如果你的团队能够首先在对问题的描述以及有哪些大家均未知的情况这两方面达成共识，那么接下来，你们也会比较容易去接受新的解决问题的方法。具体实施起来的时候，从以下这个方法入手不失为一个不错的选择：邀请你的同事们共同来寻找一些表明你们公司或许正处于迷雾之中的迹象。以下几个问题可以帮助你引导讨论的过程：

◎ 我们关于企业的长期愿景是什么？它是否足够清晰，并且能够振奋人心？
◎ 我们是否知道企业未来的增长会从哪里产生？
◎ 我们能否刺激市场，引发消费者的兴奋点？
◎ 对于我们所处行业的各种边缘性实践，我们是否有所了解？
◎ 对于消费者的需求，我们究竟只是在被动附和，还是在主动地制造新需求？

想要帮助同事们了解算对人的重要性，还有一个不错的方法，那就是与他们一起把你们关于消费者的那些假设拿出来好好琢磨一番。你们可以把公司过去五年做过的所有用户调研结果都汇集起来，详细梳理出你们已知的和未知的事情。更进阶一些的做法则是站在消费者的角度去反观和审视你们目前的价值定位。一一检视那些你们的产品或服务与客户发生直接联系的各方各面，并且设法弄明白你本质上是在销售什么东西给他们。在弄清楚这些之后，再进一步讨论以下这些问题：

◎ 我们的客户到底是谁？
◎ 我们想帮助客户实现些什么？
◎ 他们是如何体验我们的产品或服务的？
◎ 我们了解客户如何适应新产品吗？
◎ 什么才能够激励和刺激客户？
◎ 关于客户，我们还有哪些尚不知晓的事情？

以上所说的每一步都并不简单，毕竟，改变我们的思维方式和做事习惯从来就不是一件易事。借鉴人文科学领域不事先设限的理论和工具，摒弃那些早已深植于我们脑海中的关于人们是如何思考和行事的旧观念，接纳意会法这样的新方法……这些做法，对于那些经历传统商学院训练、习惯传统企业运营模式、深谙传统商业文化的人来说都可谓是反直觉的。因此，在开始这么做之前，请你做好充分的思想准备，无论你是打算把这一套理论和方法向下传达给你的下属，还是向上汇报给你的领导，这绝不会是件容易的事。

我们不会提供“简单易行的三步成功大法”，或者“能够成功解决一切商业挑战的万灵算法”，但是我们可以向你保证，你即将踏上的是一条伟大的征途，你将一步步地了解你的客户是如何真正体验生活的。而这条征途的终点，就是你梦寐以求的那个将会改变一切的时刻——意会时刻。

前言　当人文科学走进商业

1. This myth is routed in Western metaphysics, especially René Descartes's grounding of us as being thinking things: René Descartes, *Meditations on First Philosophy*, 3rd ed. (Indianapolis: Hackett,1993).

引言　意会法，应对不简单的商业问题

1. Kevin Spence, "Nike by the Numbers," *Gatton Student Research Publication* 1, no. 1 (2009) (Gatton College of Business and Economics, University of Kentucky); see also www. undinguniverse.com ., including "Puma AG Rudolf Dassler Sports History," Funding Universe webpage, accessed July 15, 2013, www. fundinguniverse.com/company-histories/puma-ag-rudolf-dassler-sport-history; and "New Balance Athletic Shoe Inc., History," Funding Universe Web page, accessed July 15, 2013, www.fundinguniverse.com/company-histories/new-balance-athletic-shoe-inc-history .

2. National Sporting Goods Association, *Sports Participation in the United States 2012 and Sports Participation Single Sport 2012*, research reports, accessed July 15, 2012, www.nsga.org/i4a/pages/index.cfm?pageid=4653.

See also M. Kilpatrick, E. Hebert, and J. Bartholomew, "College Students' Motivation for Physical Activity: Differentiating Men's and Women's Motives for Sport Participation and Exercise," *Journal of American College Health* 54, no. 2 (September–October 2005): 87–94.

3. Ibid.

4. Ibid.

5. Ibid.

01 商业分析、数据与逻辑学，默认思维模式

1. Peter Drucker, *The Age of Discontinuity: Guidelines to Our Changing Society* (New York: Harper & Row, 1969), ii.

2. Alvin Toffler, *Future Shock* (New York: Bantam Books, 1990), 2.

3. Donald Schon, *Beyond the Stable State* (New York: Norton, 1973).

4. Anthony Giddens, *The Consequences of Modernity* (Palo Alto: Stanford University Press, 1990); Ulrich Beck, *Risk Society: Towards a New Modernity* (Thousand Oaks, CA: Sage Publications, 1992).

5. Tom Peters, *Liberation Management: Necessary Disorganization for the Nanosecond Nineties* (New York: A. A. Knopf, 1992); Gary Hamel, *Leading the Revolution: How to Thrive in Turbulent Times by Making Innovation a Way of Life*, rev. ed. (Boston: Harvard Business Review Press, 2002).

6. Matthew Stewart, *The Management Myth: Debunking Modern Business Philosophy* (New York: W. W. Norton & Company, 2010), offers an entertaining description of Taylor's original experiments.

7. Frederick Winslow Taylor, *The Principles of Scientific Management* (New York and London: Norton, 1911), 26.

8. Ola Svenson, "Are We Less Risky and More Skillful Than Our Fellow Drivers?" *Acta Psychologic*, February 1981, 47(2): 143–148.

9. Ulrike Malmendier and Geoffrey Tate, "Does Overconfidence Affect

Corporate Investment? CEO Overconfidence Measures Revisited," *European Financial Management* 11, no. 5 (2005): 649–659.

10. Jo Bowman, "A World of Difference: ESOMAR Global Market Research 2012," September 13, 2012, http://rwconnect.esomar.org/2012/09/13/a-world-of-difference-esomarglobal-market-research-2012/ .

11. ReD Associates, unpublished research.

12. Robert S. Wieder, "Impulse Marketing: How Supermarkets Help Make Us Fat," CalorieLab, November 2012, http://calorielab.com/news/2012/11/08/impulse-marketing-how-supermarkets-help-make-us-fat/ .

13. Ian Davis and Elizabeth Stephenson, "Ten Investment Trends for the Future," McKinsey Quarterly, Q1, January 2006.

14. Byron Sharp, *How Brands Grow: What Marketers Don't Know* (New York: Oxford University Press, 2010).

15. Paco Underhill, *Why We Buy: The Science of Shopping* (New York: Simon and Schuster: 2007).

16. Kevin Hogan, *The Science of Influence* (New York: Wiley, 2010).

17. Nora A. Aufreiter, David Elzinga, and Jonathan W. Gordon, "Better Branding," *McKinsey Quarterly*, November 2003, www.mckinsey.com/insights/marketing_sales/better_branding .

18. Margaret Webb Pressler, "Low-Carb Fad Fades, and Atkins Is Big Loser," *Washington Post*, August 2, 2005, www.washingtonpost.com/wp-dyn/content/article/2005/08/02/ AR2005080200276.html .

19. Melanie Warner, "Is the Low-Carb Boom Over?" *New York Times*, December 5, 2004, www. nytimes.com/2004/12/05/business/yourmoney/05atki.html?pagewanted=all& position= .

20. Pierre Bourdieu, *Distinction: A Social Critique of the Judgement of Taste* (Cambridge, MA: Harvard University Press, 1984), 170.

21. Charles G. Lord, Lee Ross, and Mark R. Lepper, "Biased Assimilation and

Attitude Polarization: The Effects of Prior Theories on Subsequently Considered Evidence," *Journal of Personality and Social Psychology* 37, no. 11 (1979): 2,098–2,109.

22. Reid Hastie and Bernadette Park, "The Relationship Between Memory and Judgment Depends on Whether the Judgment Task Is Memory-Based or On-Line," in *Social Cognition: Key Readings*, ed. David L. Hamilton (New York: Psychology Press, 2005), 394.

23. Leo Tolstoy, *The Kingdom of God Is Within You*, trans. Constance Garnett (New York, 1894). Project Gutenberg edition released November 2002, www.gutenberg.org/cache/epub/4602/pg4602.html .

24. Roger Martin, "Beyond the Numbers: Building Your Qualitative Intelligence," *Harvard Business Review*, May 1, 2010.

25. Jürgen Habermas, *The Theory of Communicative Action,* vol. 2, *Lifeworld and Systems: A Critique of Functionalist Reason* (Cambridge & Oxford: Polity Press, 1991).

26. Allen C. Smith III and Sherryl Kleinman, "Managing Emotions in Medical School: Students' Contacts with the Living and the Dead," *Social Psychology Quarterly*, 52, no. 1 (1989): 56–69.

02 迸发创意，跳出盒子思考模式

1. Alex Faickney Osborn, *Your Creative Power: How to Use Imagination* (Myers Press, 2007).

2. Ibid., 8.

3. Ibid., 265.

4. Ibid., 265.

5. Robert Sutton, *Weird Ideas That Work* (New York: Free Press, 2007), 147.

6. Michael Michalko, "Thinking Like a Genius," *The Futurist, May* 1998.

7. Gary Hamel, *Leading the Revolution: How to Thrive in Turbulent Times by*

Making Innovation a Way of Life (Boston: Harvard Business Review Press, 2002), 23.

8. Ibid., 72.

9. Ibid., 23.

10. Chris Baréz-Brown, *How to Have Kick-Ass Ideas: Shake Up Your Business, Shake Up Your Life* (New York: Skyhorse, 2008), 17.

11. Ibid., 86.

12. Ibid., 55.

13. M. C. Orman, "How Einstein Arrived at E = MC Squared," the Health Resource Network, http://www.stresscure.com/hrn/einstein.html.

14. Mihaly Csikszentmihalyi, *Creativity: Flow and the Psychology of Discovery and Invention* (New York: Harper Perennial, 1997).

15. Ibid., 101.

03　人文科学，从人出发

1. Martin Heidegger, *Being and Time* (New York: Harper Perennial Modern Classics, 2008), 50.

2. Ibid., 53.

3. Martin Heidegger, *The Question Concerning Technology and Other Essays* (New York and London: Garland Publishing, 1977), 42.

4. Heidegger, *Being and Time*, 78.

5. Ibid., 91–122.

6. Edmund Husserl, *Logical Investigations* (New York: Springer, 2003), 168.

7. She describes this experience in the introduction to her collection: Alice Munro, *Selected Stories* (New York: Vintage Contemporaries, 1996), xiii–xv.

8. Ibid., xiii.

9. Ibid.

10. Alice Munro, *The Lives of Girls and Women* (New York: Vintage, 2001), 276.

11. Twyla Tharp with Mark Reiter, *Twyla Tharp: The Creative Habit* (New York: Simon and Schuster, 2003), 65.

12. Bill Wellman, "The Feel, the Smell, the Art of Working with Wood," *New York Times*, September 26, 1999, www.nytimes.com/1999/09/26/nyregion/the-feel-the-smell-the-art-of-working-with-wood.html .

13. Jeffrey Hyatt, "Talkin' Miles: Photos, Documentaries and Quotes," Miles Davis Online, July 9, 2009, http://milesdavis. wordpress.com/2009/07/09/talkin-miles-photos-documentaries-quotes/ .

14. Ibid.

15. Plato, *The Republic, Book VII*, The Internet Classics Archive, accessed July 15, 2013, http://classics.mit.edu/Plato/republic.9.viii.html .

16. René Descartes, *Meditations on First Philosophy* (Indianapolis: Hackett, 1993).

17. Heidegger, *Being and Time*, 11.

18. Bruno Latour, *Laboratory Life* (Princeton, NJ: Princeton University Press, 1986), 16.

19. Bronisław Malinowski, *Argonauts of the Western Pacific* (Malinowski Press, 2007), 84.

20. Eliot Salandy Brown, "Observing China Through People: An Ethnographer's Notes from the Field," ReD Associates website, accessed July 15, 2013, http://tinyurl.com/lx7t7hv .

21. Clifford Geertz, *The Interpretation of Cultures* (New York: Basic Books, 1977), 1.

22. Parts of this section appeared in Morgan Ramsey-Elliot, "The Anti-Anatomy of a Tearjerker," ReD Associates website, accessed July 15, 2013, www.redassociates.com/conversations/sense-making/adele-and-the-anti-anatomy-of-

a-tearjerker/.

23. Michaeleen Doucleff, "Anatomy of a Tear-Jerker," *Wall Street Journal*, February 11, 2012, http://online.wsj.com/article/SB1000:142405297020364600457721301029170137 8.html .

24. *Saturday Night Live*, NBC, season 37, episode 1604, November 12, 2011, www.nbc.com/saturday-night-live/recaps/#cat=37&mea=1604&ima=112393 .

25. Martin Heidegger, *Being and Time* (New York: Harper Perennial Modern Classics, 2008), 176.

26. *in order to*: Ibid., 97–122.

27. Charles Sanders Peirce, "Pragmatism as the Logic of Abduction," in *The Essential Peirce*, vol. 2, *Selected Philosophical Writings*, 1893–1913 (Bloomington: Indiana University Press, 1998), 226–258.

28. Ibid., 227.

29. Ibid., 48.

30. Charles Sanders Peirce, "The Fixation of Belief," *Popular Science Monthly* 12 (November 1877): 1–15, www.peirce.org/writings/p107.html .

04 企业转型：乐高，回到积木

1. Information on the LEGO company in this introduction was from LEGO Group, "About Us: Timeline 2000:–2010," accessed July 15, 2013, http://aboutus.lego.com/en-us/lego-group/the_lego_history/2000/ .

2. LEGO Group, "Company Profile: Toy of the Century," accessed July 15, 2003, http://cache.lego. com/upload/contentTemplating/LEGOAboutUs-PressReleases/otherfiles/download177A5FCDC839AA3548FABB89C53C45AB.pdf .

3. "Lego's Turnaround: Picking Up the Pieces," *Economist,* October 26, 2006.

4. Diane Mehta, "Mads Nipper, Executive VP at the LEGO Group, on the Future of the Play Experience," ReD website, accessed July 17, 2013, www.

redassociates.com/conversations/enabling-innovation/mads-nipper-executivevp-at-the-lego-group-on-the-future-of-the-play-experience/ .

05 产品设计：康乐保，小众就是主流

1. Coloplast 2009 Annual Report, accessed July 15, 2013, www.coloplast.com/Investor-Relations/Annual-reports/ .

06 企业战略：英特尔与阿迪达斯，视角导向型革新

1. Adidas Group company website, accessed July 17, 2013, www.adidas-group.com/en/ourgroup/history/history.aspx .

07 成为意会者

1. Rob Meade, “Samsung Is Still the World’s Number One TV Maker,” *Techradar*, July 12, 2007, www.techradar.com/news/television/samsung-is-still-the-world-sno-1-tv-maker-167661. See also “Samsung Hits Record High in Global TV Market Share,” *What Hi-Fi?*, September 12, 2012, www.whathifi.com/news/samsung-hits-record-high-in-global-tv-market-share .

2. Isaiah Berlin, *The Sense of Reality* (New York: Farrar, Straus and Giroux, 1999), 46.

3. Ibid.

4. Ibid.

5. Ibid.

6. Ibid.

7. Martin Heidegger, *Being and Time* (New York: Harper Perennial Modern Classics, 2008), 225–228.

8. Ingvad Kamprad, “Testament of a Furniture Dealer: A Little IKEA Dictionary,” Inter IKEA Systems B.V., 2007, 15, accessed July 17, 2013, www.

emu.dk/erhverv/merkantii caseeksamen/doc/ikea/english_testament_2007.pdf .

9. "Lionel Messi Interview," *World Soccer*, January 2013, www.worldsoccer.com/features/lionel-messi-interview-part-two#UZbV7vM53JpShXaX.99.

10. Walter Isaacson, *Steve Jobs* (New York: Simon & Schuster, 2011), 28.

11. Antoine de Saint-Exupéry, *Wind, Sand and Stars* (New York: Harcourt Brace, 1967), 143.

未来，属于终身学习者

我这辈子遇到的聪明人（来自各行各业的聪明人）没有不每天阅读的——没有，一个都没有。巴菲特读书之多，我读书之多，可能会让你感到吃惊。孩子们都笑话我。他们觉得我是一本长了两条腿的书。

——查理·芒格

互联网改变了信息连接的方式；指数型技术在迅速颠覆着现有的商业世界；人工智能已经开始抢占人类的工作岗位……

未来，到底需要什么样的人才？

改变命运唯一的策略是你要变成终身学习者。未来世界将不再需要单一的技能型人才，而是需要具备完善的知识结构、极强逻辑思考力和高感知力的复合型人才。优秀的人往往通过阅读建立足够强大的抽象思维能力，获得异于众人的思考和整合能力。未来，将属于终身学习者！而阅读必定和终身学习形影不离。

很多人读书，追求的是干货，寻求的是立刻行之有效的解决方案。其实这是一种留在舒适区的阅读方法。在这个充满不确定性的年代，答案不会简单地出现在书里，因为生活根本就没有标准确切的答案，你也不能期望过去的经验能解决未来的问题。

湛庐阅读APP：与最聪明的人共同进化

有人常常把成本支出的焦点放在书价上，把读完一本书当做阅读的终结。其实不然。

时间是读者付出的最大阅读成本
怎么读是读者面临的最大阅读障碍
“读书破万卷”不仅仅在“万”，更重要的是在“破”！

现在，我们构建了全新的“湛庐阅读”APP。它将成为你“破万卷”的新居所。在这里：

- 不用考虑读什么，你可以便捷找到纸书、有声书和各种声音产品；
- 你可以学会怎么读，你将发现集泛读、通读、精读于一体的阅读解决方案；
- 你会与作者、译者、专家、推荐人和阅读教练相遇，他们是优质思想的发源地；
- 你会与优秀的读者和终身学习者为伍，他们对阅读和学习有着持久的热情和源源不绝的内驱力。

从单一到复合，从知道到精通，从理解到创造，湛庐希望建立一个“与最聪明的人共同进化”的社区，成为人类先进思想交汇的聚集地，共同迎接未来。

与此同时，我们希望能够重新定义你的学习场景，让你随时随地收获有内容、有价值的思想，通过阅读实现终身学习。这是我们的使命和价值。

湛庐阅读APP玩转指南

湛庐阅读APP结构图：

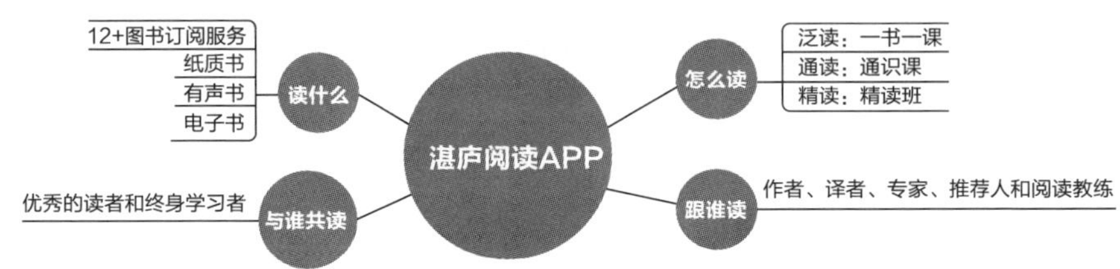

三步玩转湛庐阅读APP：

APP获取方式：

安卓用户前往各大应用市场、苹果用户前往APP Store

直接下载"湛庐阅读"APP，与最聪明的人共同进化！

使用APP扫一扫功能，遇见书里书外更大的世界！

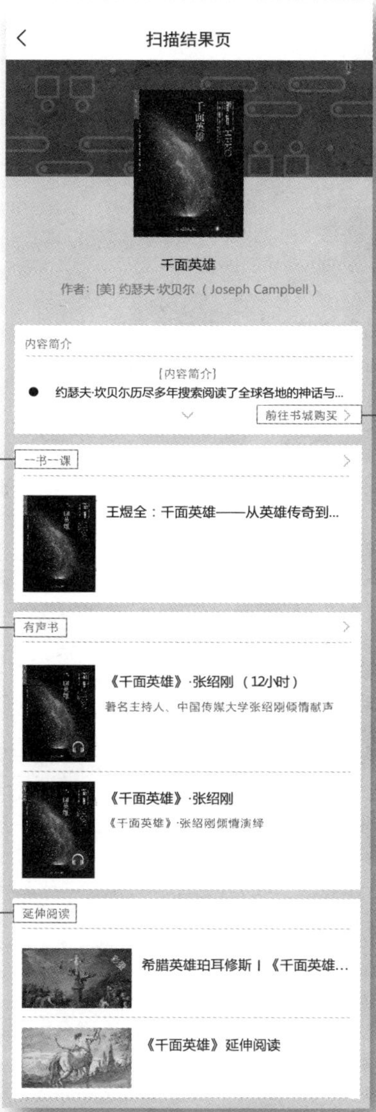

扫描结果页

千面英雄

作者：[美] 约瑟夫·坎贝尔（Joseph Campbell）

内容简介

［内容简介］

● 约瑟夫·坎贝尔历尽多年搜索阅读了全球各地的神话与...

前往书城购买 >

快速了解本书内容，湛庐千册图书一键购买！

一书一课

王煜全：千面英雄——从英雄传奇到...

大咖优质课、献声朗读全本一键了解，为你读书、讲书、拆书！

有声书

《千面英雄》·张绍刚（12小时）

著名主持人、中国传媒大学张绍刚倾情献声

《千面英雄》·张绍刚

《千面英雄》·张绍刚倾情演绎

延伸阅读

希腊英雄珀耳修斯 | 《千面英雄...

《千面英雄》延伸阅读

你想知道的彩蛋和本书更多知识、资讯，尽在延伸阅读！

延伸阅读

《高价值创造者的5个思维习惯》

◎ 全球领先的专业咨询机构普华永道，追踪120位白手起家的亿万富翁，历时两年深入调研，揭开令人意想不到的创新与创业的真相。

◎ Inc. 杂志、Business Insider 网站评选的年度商业畅销书，哈佛商学院、沃顿商学院推荐企业和职场人士必读。普华永道中国合伙人吴卫军，BP 资本管理公司董事长 T. 布恩·皮肯斯，哈佛商学院工商管理学教授琳达·希尔，哈佛商学院工商管理学教授威廉·萨尔曼，Google X 实验室负责人、登月计划队长阿斯特罗·特勒，沃顿商学院阿瑞斯堤高级管理教育学院前副院长托马斯·科里根，CD&R 总裁、首席执行官唐纳德·戈格尔联袂推荐。

《企业文化生存与变革指南》

◎ "企业文化理论之父"组织心理学的开创者和奠基人埃德加·沙因的经典作品，是继得到广泛好评的《组织文化与领导力》之后的又一力作。

◎ 想要成功的企业管理者可以在本书中找到解决企业生存与发展关键问题的启示；想要成长的企业员工通过理解企业文化，可以从此书中找到促进自身的入职适应与职业生涯发展的契机。

《企业的人性面》（经典版）

◎ 美国社会心理学家、行为科学家，人性假设理论创始人，现代企业管理理论奠基人，X–Y 理论管理大师道格拉斯·麦格雷戈久负盛名之作！

◎ 组织行为学、组织发展学、劳资关系学、人力资源管理学、工业 / 组织心理学、组织社会学等领域的基础文献。

◎ 清华经管领导力中心主任杨斌教授，担纲主编作序推荐！领导力之父、被誉为"领导学大师们的院长"的沃伦·本尼斯，组织行为学大师、企业文化理论之父埃德加·沙因，亲笔作序推荐！

《商业的本质四部曲》

◎ 全球具有影响力50大商业思想家排行榜（Thinkers 50）创始人斯图尔特·克雷纳最新系列著作！

◎《领导力的本质》对话全球杰出的领导力大师，分享他们关于领导力的真知灼见。《战略的本质》对话近现代战略管理领域的领军人，对战略进行多维度解读。《管理的本质》对话近现代管理领域的领军人，汇聚管理界具代表性的9大核心概念，并从当代视角进行解读。《创新的本质》对话全球杰出的创新大师，用世界上领先的商业思维应对当今严峻的挑战。

The Moment of Clarity: using the human sciences to solve your toughest business problems / Christian Madsbjerg, Mikkel B. Rasmussen.

Published by agreement with The Zoë Pagnamenta Agency, LLC, through The Grayhawk Agency.

图书在版编目（CIP）数据

意会时刻：用人文科学解决棘手的商业难题 /（美）克里斯琴·马兹比尔格，（丹）米凯尔·拉斯马森著；石幼佳译 .—成都：四川人民出版社，2018.4
ISBN 978-7-220-10704-7

Ⅰ.①意… Ⅱ.①克… ②米… ③石… Ⅲ.①人文科学—应用—企业管理 Ⅳ.① F272

中国版本图书馆 CIP 数据核字（2018）第 041178 号
著作权合同登记号
图字：21-2018-60

上架指导：企业管理 / 创新

YIHUI SHIKE: YONG RENWEN KEXUE JIEJUE JISHOU DE SHANGYE NANTI

意会时刻：用人文科学解决棘手的商业难题

［美］克里斯琴·马兹比尔格［丹］米凯尔·拉斯马森　著　石幼佳　译

责任编辑：吴焕姣　蒋伦智
版式设计：湛庐文化 Cheers Publishing　沈丽君
封面设计：门乃婷工作室 Tel:010-64822426
责任印制：王　俊

四川人民出版社出版
（成都市槐树街 2 号　610031）
石家庄继文印刷有限公司印刷　新华书店经销
字数 177 千字　开本 720 毫米 ×965 毫米　1/16　印张 14.75　插页 2
2018 年 4 月第 1 版　2018 年 4 月第 1 次印刷
ISBN 978-7-220-10704-7
定价：62.90 元